美好生活何以可能

——关于个人自主和发展的社会文化分析

桂晓伟◎著

教育部人文社会科学研究青年项目（16YJC840004）和学自主科研项目（117-413000003）的阶段性成果。

中国出版集团

世界图书出版公司

广州·上海·西安·北京

图书在版编目（CIP）数据

美好生活何以可能？：关于个人自主和发展的社会
文化分析 / 桂晓伟著 . — 广州：世界图书出版广东有
限公司，2016.11（2025.1重印）
　ISBN 978-7-5192-2059-4

　Ⅰ.①美… Ⅱ.①桂… Ⅲ.①文化社会学 Ⅳ.① G05

中国版本图书馆 CIP 数据核字（2016）第 272529 号

书　　名　美好生活何以可能？——关于个人自主和发展的社会文化分析
　　　　　MEIHAO SHENGHUO HEYI KENENG GUANYU GEREN ZIZHU HE
　　　　　FAZHAN DE SHEHUI WENHUA FENXI
著　　者　桂晓伟
责任编辑　张梦婕
装帧设计　黑眼圈工作室
出版发行　世界图书出版广东有限公司
地　　址　广州市新港西路大江冲 25 号
邮　　编　510300
电　　话　020-84460408
网　　址　http:// www.gdst.com.cn
邮　　箱　sjxscb@163.com
经　　销　新华书店
印　　刷　悦读天下（山东）印务有限公司
开　　本　710mm×1000mm　1/16
印　　张　10.25
字　　数　177 千
版　　次　2016 年 11 月第 1 版　　　2025 年 1 月第 2 次印刷
国际书号　ISBN　978-7-5192-2059-4
定　　价　68.00 元

序　言

在现代社会，谈到个人的美好生活，始终绕不开人权和发展。然而时至今日，源自西方的人权历经了数百年积淀，已经有了较为固化的规范性意涵。与之相对，今天的中国虽然处在走向权利的时代，但转型尚未定型，又为推进我们自己的、具有中国主体性的权利研究提供了伟大的历史机遇。在这个意义上，如何反思借鉴西方的权利理论资源，如何基于中国现实建构主体性的权利理论，就成为了重要的理论和现实命题。

晓伟博士的这本书是对这个问题的一个初步尝试。晓伟是我在武汉大学指导的硕士和博士。在求学期间，主要从事人权研究，打下了较为扎实的理论功底。他的博士论文选择中西权利话语的比较研究作为题目。毕业之后，晓伟远赴丹麦哥本哈根大学继续攻读社会学博士，这又给他继续思考权利问题，连接经验和理论提供了契机。

眼前的这本书便是晓伟在其武汉大学博士论文的基础上修改完成的作品。该书主要包括三个部分：第一部分是对西方权利理论及其美好生活构想的梳理和反思。围绕着霍布斯、洛克等启蒙思想家，边沁和密尔等功利主义者以及罗尔斯、德沃金等现代自由主义者的相关思想，晓伟回顾了权利话语在西方的源起、发展、成熟和危机的整个过程。在此基础上，晓伟指出了现代权利话语的一个深刻危机，那就是它难以消解政治生活中的个人自由和伦理生活中的可欲之善之间的张力，西方自由主义选择了"权利优先于善"，但也就此为现代人生活中的享乐主义和虚无主义埋下了伏笔。

　　该书的第二部分则是对转型中国权利话语从依附、反思、借鉴到自觉的曲折变奏过程的回顾和总结。在这一过程中,救亡压倒启蒙的论调、中西调和的主张、"权利本位"的呼声以及建构中国权利理论的尝试在百年间不断地启发了国人对权利的思考。基于上述研究,晓伟认为应当强调传统文化的价值以矫正自由主义权利话语的虚无主义病症,并提出了"社会儒学的社群路经"这一建构转型中国权利理论的文化构想。

　　该书的第三部分则是一次连接经验和理论的尝试,晓伟将之称为"走向实践的权利哲学"。这一权利哲学强调对权利的整全性理解,认为福利和自由只是美好生活何以可能的前提,而从自由走向自主才是实现美好生活,兑现权利应有之意的必经之路。为此,良性的权利实践过程离不开其道德基础,即"纵向的基于权利的体现底线正义的制度建构和横向的基于日常生活的伦理之道"。只有制度正义和个人德性的良性互动,才是繁荣社会赖以存在的基石,也是美好生活得以实现的根基。循着这一思路,晓伟分别分析了传统社会和当下中国在权利实践的两个维度上的历史和现实,并在总结经验的基础上提出了改进之道。

　　在晓伟博士的辛勤努力下,这本书为我们思考权利、个人发展和美好生活提供了有益的启发。当然,书中肯定存在不少疏漏之处,甚至还可能会引起一些歧义或争鸣。但我相信,无论是理论的梳理,还是经验的研究,这本书都值得一读。百尺竿头更进一步,晓伟正以本书为起点,着力进行社会管理创新的研究。相信再有几年时间,我们可以读到他更好的作品。

汪习根

2016 年 9 月 10 日于武昌珞珈山

　　(汪习根:武汉大学教授、长江学者、武汉大学人权研究院执行院长、联合国发展权高级咨询专家、第五届"全国十大杰出中青年法学家"。)

目　　录

第一章 导 论

一、研究内容

本书旨在讨论美好生活和个人自主之间的关系。这不是一个简单的工作，因为何为"美好"，何为"自主"，其答案在现代社会都是不确定的。

在这个价值多元的时代，不同的人对美好生活有自己的想象。这其中的极端例子有中国乡村流行的"笑贫不笑娼"现象，拜金女们"宁愿坐在宝马车上哭，也不愿坐在自行车上笑"的宣言；相对温和的例子有各种金钱或物质导向的"成功学"鸡汤；当然，积极的诸如"修齐治平"这种传统的美好生活想象也还在被一些人传承。

同样，究竟什么是自主，在我们这个时代也是不确定的。一些青年人的理解可能是"我的地盘我做主"这种充满激情的肆意；相对温和的人也许会觉得只要不违法，那就"走自己的路让别人去说吧"；更积极的人甚至会认为法律规定的标准太低了，而人们应该仰望星空，依据内心的"道德律令"去规划自己的人生。

上述对美好生活和个人自主充满歧义的理解反映出现代人的价值焦虑甚至是价值虚无，而这背后更深刻的社会根源在于现代社会的制度设计及其所勾画的人之发展愿景。理解这一切的关键词首推"权利"，而权利之中最核心的部分则是"自由"。何谓"自由"在今天主要有两种代表性的理解：一种认为，所谓自由就是"免于干涉的自由"，或者"法不规定即自由"的"消极自由"；而另一种主张，所谓自由就是自如地控制自己的欲望和激情，实现"从心所欲不逾矩"的"积极自由"。[1]现代社会的主流制度设计（即自由民主制度）的根基便是建立在前一种"消极自由"的基础上，并希望人们通过自由地运用自己的理性，最终实现"积极自由"，进而达致可欲的美好生活。而其理由在于"积极自由"可能带来不自由和强制，因为"积极自由"主张自我主宰，但现实中自我常常被欲望和激情所左右，并不是每个人都能随心自如地控制它们以达到自我主宰的境界。这样便可能推导出一个逻辑：如果我自己的能力不够，别人告诉我该怎么做，实际上是在帮我获得解放，而不是对我的自由加以限制。这样做的后果，则可能使积极自由从自我主宰的要求坠陷为不自由。[2]这便是当代自由主义者主张"消极自由"，而否定"积极自由"的根源所在。

然而，对自由的"消极"式理解也因此开启了现代人主观价值领域的"诸神之争"以及因此而带来的价值相对主义和虚无主义。如果说找寻某种绝对的、善的"价值"或者控制自我欲望和激情的真实的"自我"可能会给个人带来强制和不自由，那么不如将之交给人们自己去裁决，去选择其所欲的生活。至于这样的生活是否善，是否有意义，只要不妨碍到其他人，就完全不用去干预和引导。在这一逻辑下，为了避免强制，国家应该在价值领域保持中立，避免把道德引入政治。这一逻辑的进一步延伸，便可能导致虚无主义，即从根本上否定世界上还有可能存在"好坏"、"对错"、"善恶"、"是非"的标准。这便是西方自由主义自启蒙以降所开启的"基于权利的个人主义"为我们勾勒的现代生活图景。这一思想在避免"积极自由"可能带来的不自由和强制的同时，也降低了对其可能带来的物欲横流和道德沦丧的防范。结果这一思想在其走向成熟的同时也陷入了吊诡，即为了防范权力而主张一种"消极自由"式的权利观，但后者却又导致了"虚无主义"和"个人伦理理解"的困境。

正是在这个意义上，福山对"历史终结"的判断其实过于乐观了。[3]退一步说，即便历史真的终结于自由民主社会，在现代性的虚无本性面前，放弃对某种崇高价值或优越情感追求的个人也很可能会成为尼采眼中的"报废之人"（the last man）——

---

　　[1]　消极自由与积极自由的区分源自伯林那篇使之声誉卓著的"两种自由的概念"的演讲，消极自由是"免于……的自由"（free from...），只有当一个人的行为不必服从别人的任意干涉和强制时，他才是自由的；而积极自由是"做……的自由"（free to...），是一种自主、自觉或自治（self-mastery, self-direction or self-government）的自由，只有当一个人是他自己的主人时，他才是自由的。参见 Isaiah Berlin. *Four Essays on Liberty*, Oxford University Press, 1969, pp.120-131.

　　[2]　石元康：《当代自由主义理论》，联经出版事业公司1996年版，第12—14页。

　　[3]　Francis Fukuyama. *The End of History and the Last Man,* The Free Press, 1992.

他们虽然完全真实，没有信仰，也不存迷信，但他们的胸膛却是空洞的。[1] 他们更关心自己的利益和小幸福，社会因此弥漫着一股尚利轻义的颓废气息。[2]

面对这一现象，仍处于转型之中的中国该何去何从？是该义无反顾地拥抱自由主义，并承受其所可能带来的虚无主义病症，还是应该以更为审慎的态度重新审视人类生活的理想图景？作为一个拥有灿烂文明，并日益崛起的大国，中国需要为世界承担属于自己的责任，也需要满足世界对中国的期待。而身处这一时代的中国知识分子，也需要拿出自己对这一问题的思考。本书的写作正是受这一动机的驱使。中华文明的复兴既离不开对西方文明资源的深入洞悉和批判，也离不开对自身文明传统和社会现实的深入剖析和反思。

基于此，本书从美好生活和个人自主相关性的视角切入，一方面深入到西方自由主义权利话语产生、形成、发展和变迁的历史语境之中，了解其话语建构的历史过程和学理支撑；一方面梳理中国历史和现实中的相关思想资源，使之成为或补充、或批判、或反思、或重构的转型中国权利话语的理论素材。此外，本书还结合笔者近年来的田野经验，对当下中国社会发生的个人权利实践和伦理生活的巨变背后的社会文化因素进行分析。通过上述分析，本书希望对建构具有主体性的转型中国社会的权利理论以及中国人的美好生活愿景有所启发。

二、基本概念

美好生活与个人自主在现代社会都是见仁见智的概念，不同的人会有不同的理解。基于此，本书将不对它们进行明确界定。宽泛地说，我们可以以传统和现代为界对它们做大致的区分。在传统社会，关于何为美好生活，无论是西方的天主教还是中国的儒家，都有着自己的一套正统理解。那个时候人们在这个问题上的同质性很强，个别有不同意见者也基本被淹没在那种笼罩性的理解之中，而难闻其声。这

---

[1] Friedrich Nietzsche, *Thus Spoke Zarathustra,* Thrifty Books, 2009, Zarathustra's Prolog, pp.18-30. 中译本：[德] 尼采：《查拉斯图拉如是说》，尹溟译，文化艺术出版社 2003 年版，查拉图拉之序篇，第2—18 页。

[2] 需要指出的是，此处所讨论的权利，仍然还只是限定在私人生活的领域，而尚未涉及国家与社会互动的政治领域。抛开政治体制之辩，私人生活领域逐利而寡德的局面，对于政治领域的权利实践无疑是有负面影响的。缺少好坏、善恶、是非、对错之辩的个人，如何运用理性判断将民主生活引向可欲目标的前景是可疑的。

种现象在启蒙以降的现代社会发生了变化，美好生活成为一个开放的概念，人们开始往里面加入各种五花八门的理解，这使人们在获取自由的同时，也产生了对彼此的歧见。

同样，何为自主在传统社会基本和个人的德性修养以及基于其上的对欲望和激情的良好的驾驭能力联系在一起。所谓"随心所欲不逾矩"讲的便是这种理想状态。而在现代社会，自主往往和"积极自由"联系在一起，以与我们耳熟能详的基于权利的"消极自由"区别开来，所谓"法不禁止即自由"讲的便是这种状态。

权利，作为联系美好生活和个人自主的纽带，则具有相对明确的界定。谈到权利，人们往往首先想到的是人权。不过本书并不打算从这一已经固化的规范性表述[1]出发展开讨论，而是在更为开放的层面讨论权利。

具体来说，本书将从三个层面来理解权利。首先，"权利"是一种界定"个人与他人关系"的人际概念。在这个意义上，权利与责任、义务相对。我们今天所理解并接受的作为某种"主张"、"资格"而存在的权利，主要是现代社会通过法律所赋予的。而其主要功能，就人际关系层面而言（私法领域），实际上仍然是调节在中西传统社会中都存在的对权利的另一种理解，即"利益"，所谓"定纷止争"正是这一权利之功用的最佳表述。[2]而就这个层面的权利的实现而言，法律的作用当然不容忽视，但法律也只是维系人际关系和社会整合的一种规范。一个仅靠法律来调节的社会必然崩溃，法律有效运转的前提是道德和伦理，当绝大多数人可以自律的时候，法律才有能力强制少数人。这也是中国传统社会重义轻利，强调"内圣"（个人道德修为）的初衷所在。

其次，"权利"是一种界定"个人与国家关系"的政治主张。在这个意义上，现代社会所理解的权利主要是一种通过诉诸公法上的对"主张"、"资格"的界定而力图实现的"自由"，一种免于干涉的"消极自由"。这一理解主要源自近代西

---

[1]　Griffin, James. *On Human Rights,* Oxford University Press, 2008, pp.14-18.

[2]　在这个意义上，否定中国传统社会存在"权利"的观念是值得商榷的。参见夏勇：《权利哲学的基本问题》，载《法学研究》2004年第3期，第3页。因为这首先需要搞清楚，我们是在什么语境下讨论"权利"，需要搞清楚现代意义上的"主张"、"资格"、"自由"在调控人际关系时，其所产生的动机和服务的目的何在。笔者认为，就调控人际关系而言，其所产生的动机和服务的目的仍然是权利的最古老的意义，即"利益"。对此，李贵连的主张相对温和，他承认传统社会的权利，具有现代私法意义上的"所有权"之意。参见李贵连：《话说"权利"》，载《北大法律评论》1998年第1卷第1辑，第115—117页。

方的自由主义传统，基于对人性幽暗意识的洞悉和对权力乃为必要之恶的防范，自由主义政治哲学在借助国家权力实现其所意图建构的社会理想图景（守夜人式的政府、自生自发调节的市场、理性且节制的逐利的个人）的同时，又不得对之进行防范，公法意义上的"权利"便因之而来。但是，恰如上文所言，自由主义对权利的这种"消极自由"式的理解，也埋下了虚无主义的隐患。即便如此，作为界定公民和国家关系之政治主张的权利仍然是非常重要的，旨在强调"制度正义"，以确保每个人都有追求善的资格以及实现善的制度基础。

最后，"权利"是确保人之潜能充分实现的道德价值，意在强调"个人德性"，以确保在制度正义的前提下，每个公民都能经由理性的生活设计，达致可欲的生活。这个意义上的权利往往被既有的讨论所忽视，但其实却是非常重要的，因为如果现代社会这种基于权利的文化制度建构，最终是把我们带入尼采所谓的"末人"的时代，那么这种现代对古典的革命也就在一定程度上失去了其进步的意义。因此，作为现代社会的核心价值，权利必须要有这一层关怀。而且，对这种与人之德性的完善相关联的权利的强调，反过来也会促进前两个层面的权利的实践。究其根源，这是因为权利实践在主体间具有示范效应，如果某个人采取权利极大化，义务极小化的行事方式，基于相互性，其他人也会毫不犹豫地选择这种方式。那么，维护人与人的良性交往以及公民与国家的良性互动的制度成本都会急剧增加，整个社会也会处在动荡不安甚至崩溃的边缘，而难以实现常态的稳定。

从上述三个层面来理解权利，旨在使其既带有"道义论"的现代政治哲学色彩，也带有"目的论"的古典政治哲学魅力，并强调制度正义和个人德性缺一不可，共同构成权利理论的社会基础。此外，这一定义既不预设人性观，也不规定唯一善，从而使权利尽量保持开放性，以容纳古今中西的智识资源，并为本书的相关讨论留下足够的空间。

三、研究方法

本书主要采用了两种研究方法：一种是文献研究方法，另一种是经验研究方法。更具体地说，本书主要包括三个部分，其中第一、二部分分别对西方权利话语的源起、发展、成熟和危机以及转型中国的权利话语从依附、反思、借鉴到自觉的曲折变奏进行了理论的梳理和反思。这两个部分主要使用的是文献研究方法，对中西各自理论脉络下的主要人物的主要观点进行了回顾和评析。而本书的第三部分则试图连接经验和理论，探讨传统乡土社会和当下中国人的理想和实践权利的社会文化基础。该部分的经验主要来自笔者在华中某县历时一年左右（2011 年 7 月—2012 年 7 月）的田野调查。

该调查不仅关注了人们在价值变迁背景下的日常生活的权利实践，也关注了他们在与基层政府互动过程中的诸如围绕征地、拆迁、上访所进行的权利实践。访谈对象不仅包括村民、小摊贩、下岗职工、维权律师和无业者，也包括县、乡、村的各级基层官员。同时，为了避免产生偏见，访谈对象主要通过雪球抽样产生，并且经常就同一问题多次对涉及双方的访谈对象进行交叉访谈。除了访谈之外，还采用了参与式观察和档案的研究方法。就参与式观察而言，笔者不仅观察了当地群众如何上访，如何反抗拆迁，也看到了地方干部如何处理上述纠纷和矛盾。就档案而言，笔者收集了信访报告、与拆迁相关的文件、会议记要、情况通报、官员的工作日记以及上访、拆迁户的申诉材料等文字资料。[1]

四、篇章结构

本书共十章。第一章"导论"是对研究对象、基本概念、研究方法和篇章结构的简要交代。接下来的第二章至第九章主要由三个部分构成。

第一部分（第二章至第五章）是对西方权利话语的源起、发展、成熟和危机的梳理和反思。通过对启蒙思想家、功利主义学派和当代自由主义者的梳理，指出了现代权利话语的在选择"权利优先于善"的同时，也为自身埋下了虚无主义的病症。

第二部分（第六章至第七章）是对转型中国的权利话语从依附、反思、借鉴到自觉的曲折变奏过程的回顾和总结，并据此提出了"社会儒学的社群路经"这一建构转型中国权利理论的文化构想。

第三部分（第八章至第九章）分别分析了传统社会和当下中国在权利实践的两个维度上（纵向的基于权利的体现底线正义的制度建构和横向的基于日常生活的伦理之道）的历史和现实，并在总结经验的基础上提出了相应的解释。

本书的第十章则是对全书内容的一个总结。

---

[1] 关于本田野调查的更为详细的方法论交代，参见 Gui Xiaowei.*Handling of Small-Scale Protests in Grassroots China: Process Dynamics and Outcomes,* Ph.D Dissertation in Copenhagen University, 2015, Chapter 3.

第二章　启蒙运动和美好生活的源起

现代版的美好生活愿景肇始于西方近代的启蒙运动以及与之相伴的权利话语。伴随着启蒙运动以降的理性精神、进步主义、科学主义以及以人之解放为目的的个人主义的兴起，自由主义及其权利话语在近五百年间占据了西方现代化运动的舞台中心，并以多种形式培育了或明或暗、或直接或间接的理想，这些理想在数百年间逐步内化为现代人习焉不察的文化意识与心理积习，而其本身亦随着现代化的成就跃升为一种进步的甚至不容置否的"传统"，权利的话语形成了话语的权力，并逐渐作为一种普世的价值观被输入到世界各地。

这一过程遮蔽了权利话语的历史形成过程，即其本身作为一种"反古典传统的现代传统"的事实。所谓现代传统，在本书中是指以自然法、社会契约与天赋人权所勾画的人类生活愿景，它所吹响的理性精神、科学主义以及人之解放与完善的号角也奏响了人类近代历史的最强音。而所谓古典传统，是指崇尚过去的成就与智慧，崇尚蕴含传统的制度，并把从过去承继下来的行为方式视为有效指南的思想倾向。[1]

本章试图以一种"历史的眼光"还原这一现代对古典传统的破立过程以及承继其间的对人类共同渊源与主题的思考，并在最后给出笔者自己的思考。需要强调的是，尽管伴随着现代化浪潮的兴起，工具理性的宰制、权威的祛魅、人之世俗化与享乐主义蔓延的批判之声不绝于耳，笔者也因此对现代性抱有怀疑与批判的态度。但启

---

[1]　这一传统具体体现为对祖先与权威的敬重，对宗教与家庭的情感以及对家乡故土的眷恋。参见 Edward Shils. "Tradition", *Comparative Studies in Society and History*, 1971(2), pp.122-159；而施特劳斯所言之"古典传统"则是一种蕴含了"自然正当"（nature right）的对生活目的与意义的探讨。参见 Leo Strauss. *Natural Right and History*, The University of Chicago Press, 1953, Introduction, pp.1-9. 以笔者之见，两种思想在将古典传统归因于"自然正当"的意义上是契合的，因此在下文中将以"古典传统"统称之。

蒙的功绩不容否定与抹杀，简单地回归历史与传统也绝无裨益。笔者所希望的是一种古典批判维度的建构，这不意味着要维护启蒙之前的古典传统，也不意味着赞成启蒙之后的现代传统。以笔者之见，两者都有缺陷，因此也都只能算作"半瓶苦酒"。在这个意义上，笔者倒宁愿不随乐观主义者开怀畅饮，也不随悲观主义者封瓶哀叹，而尽量保持一个旁观者清醒而审慎的心态。

一、现代政治哲学的"新大陆"

所谓现代哲学的转向，可以简单概括为从拒绝按照古代的"人应当如何来定位"，转而按照"人现实如何来定位"。要深刻理解这一问题，首先需要对自由主义的现代性理想做一个简要的勾勒，这一理想建构于启蒙思想家们所"发现"的被称之为"自然状态"的新大陆上：

> 在那里，人们在自然本性上是自由而平等的，享有生命、财产和追求幸福的权利；在那里，人们在深思熟虑之后所期冀的不是培育难能可贵之美德的政体，而是那些能够保护每个人免受伤害并保存自己的制度建构；在那里，为人类福利与安全考虑，社会发展所需要的不是实践着基督道德与亚里士多德信条的人，而是理性的、勤奋的，有能力权衡与计算自己利益的人。上述理论为自由民主的关键术语、当代最成功、最有用的政治概念——权利，提供了参照结构。这种权利意识与实践构成了我们的存在、我们的实践与我们的生活常识。它来源于人们对生活的渴望与珍爱，对尽可能没有苦痛的生活的美好欲求。但是进一步思考不难悟见，这种欲望并不仅仅停留于想象，当一个人充分意识到他最需要什么，体验到他受到他人的威胁，而他们也感受到他的威胁时，他就不可避免的会开始计算自由权与他人所有权的问题，借助法律的调控，他们可以导致相得益彰的发展，进而成为社会这一复杂机器运转的原动力。这便是权利，一种牢牢根植于自我权益的新道德，一种非功利精神的功利源泉。[1]

这便是自由主义建构于理性之上的，以"权利话语"为核心的，并预设人们可

---

[1] Alan Bloom. *The Closing of The American Mind: How higher education has failed democracy and impoverished the souls of today's students*, Penguin Books, 1987, pp.162-166.

以通过理性协调各种私人欲求，通过理性达到社会秩序与法治的结合，并最终达到人际间和解与合作的现代性理想。这种现代性理想预设的权利观无疑意味着与传统看待政治问题之思维方式的彻底决裂：在传统观念中，人是一种双重性的动物，既涉及公益也涉及私利，要使政治有效运转，必须克制个人的私欲，才能成为高尚之士。在此，德性、节制、责任，都先于权利。而启蒙思想家认为人类在任何时候都不会自然地趋向于公益，传统的方式既严苛又无效用，且与人性相悖。于是他们展开了调动个人利益为公益服务的试验，把人类天性中的自由置于自我克制的德性之前。他们相信，清醒的理性能够一扫通过迷幻的忠诚而实现的依附于集体的心理积习，从而冷静地建立起以利润预期和各种经济关系为内容的契约。他们宣称，尊重他人的权利，自己也会被尊重。这一切在上帝和圣贤看来确实无法令人振奋，但是对于贫困、羸弱、受压抑的绝大多数人类而言，这却是获得拯救的保证。现代自由民主制度就是这种建立在地上的制度，起点虽低但根基坚实（built on low but solid ground）。[1]

这便是从古典政治哲学向现代政治哲学的转向，它以现实的姿态而非理想的情操观察人们的生活，它将权利置于德性、节制、责任之前，它抛开了对基本善恶、对错、是非的坚持与区分而预设了尚同与多元主义前提下的人类和解，它也因此从一种静观反思的哲学转变为一种政治实践性的论说。[2]而这一切肇始于马基雅维里，并经由自由主义的阐发，为"在地上建立智慧、正义和美德的大厦"的现代性理想打下了坚实的根基。[3]

凭借极高的才学与坚毅果敢的个性，马基雅维里试图将人们的幻想拉回地面，并告诫他们"对于人应当如何生活这个问题"，总可以找到最终答案是错误的想法。马基雅维里因此强调以现实主义的眼光和经验主义的心态审视政治，他力图剔除政治中的"道德—宗教"基准，或至少是不关心道德，或承认政治与道德的不可调和，

---

[1]　Alan Bloom, *The Closing of The American Mind: How Higher Education Has Failed Democracy and Impoverished the Souls of Today's Students*, Penguin Books, 1987, p.166.

[2]　按照刘小枫的解释，古典政治哲学有"柏拉图式"（Platonic）的规定。就"哲学"这个西方传统词语的本义来说，其含义首先是静观的反思，而作为另类政治哲学的各种"主义"（包括自由主义），无论其论说背后有何等精致的哲学，它们首先是一种政治实践性的论说，热然而有现实斗争性。刘小枫：《施特劳斯与中国：古典心性的相逢》，载《思想战线》2009 年第 2 期，第 59—65 页。

[3]　刘小枫：《施特劳斯与中国：古典心性的相逢》，载《思想战线》2009 年第 2 期，第 59—65 页。

进而确立了超越道德善恶之政治的必要性及其独立地位。[1]这激发了他的"个人主义"思想火花，点燃了他对国家与法律背后之力量的热情，[2]赋予了他大众的"普遍的看法"（a universal opinion）或民主制挑战哲人的智慧或优良政制的勇气，还为各种目标同样终极、神圣的多元主义清除了逻辑上的绊脚石。[3]马基雅维里的坦率直言，由于历史的捉弄，反倒成了自由主义的基础。其思想养分为后继而来的启蒙思想家霍布斯所吸纳，并助其成为全面系统阐述现代性方案的第一人。[4]

二、"新大陆"上的启蒙思想家

何为启蒙？康德断言为"敢知"。而批评者则斥之为浅薄、夸夸其谈的"过智主义"，谈人只道"自然权利"而不知其他。[5]为何启蒙被视为"敢知"？何为"自然权利"？"敢知"与"自然权利"之间有何关联？要回答这些问题，不可不提三人：

---

[1] 对这个问题，克罗奇的一段评语耳熟能详："人所共知，马基雅维里发现了政治的必要性及其独立地位，即超越了道德善恶的政治，它有自身的、与其对抗病属徒劳的规律，依靠圣水是无法将它从世界上驱除或禁止的。"而按照伯林的观点，马基雅维里所关注的是另一种伦理（道德）："既然人为天性所定，要在社会中生活，他们的共同目标便是最高的价值，其他价值都是由此而来，或个人的目标同它是一致的。"[英] 伯林：《马基雅维里的原创性》，载伯林：《反潮流：观念史论文集》，冯克利译，译林出版社 2002 年版，第 64—65 页。

[2] 马基雅维里的个人主义离不开当时的社会现实，在那个被称为"坏蛋和冒险家"的时代，只要成功，一切有理是不少人奉行的准则。马基雅维里正是在这一社会背景下提出了他的个人主义理论，尽管他或许夸张地反映了当时的社会。而基于人的自私本性和普遍的利己主义，只有国家与法律背后的力量才能使社会保持一体。他的国家学说除了强调国家的自由，也承认人民参政议政的政治自由，以免于暴君的统治。他还强调政府保持稳定的首要条件在于法治，并赞成施行仁政。在一定程度上，马基雅维里通过发明"国家"这个词，实际上建立起了近代的政治科学。参见 [美] 乔治·霍兰·萨拜因，托马斯·兰敦·索尔森修订：《政治学说史》，盛葵阳，崔妙因译，南木校，商务印书馆 1986 年版，第 386—410 页；另见 [英] 伯林：《马基雅维里的原创性》，载伯林：《反潮流：观念史论文集》，冯克利译，译林出版社 2002 年版，第 45 页。

[3] 马基雅维里倡导的终极理想可能相互矛盾的命题，使得在他之后，怀疑的态度传染了所有的一元论学说，这恰为经验主义、多元主义、宽容和妥协敞开了大门，并使人们逐渐明白了多样性的好处。[英] 伯林：《马基雅维里的原创性》，载伯林：《反潮流：观念史论文集》，冯克利译，译林出版社 2002 年版，第 96 页。

[4] 施特劳斯认为："在马基雅维里所宣称的独到之处与霍布斯所宣称的独到之处的区别，是坦率程度而非思想清晰程度的区别。"参见 [美] 曼斯费尔德：《施特劳斯之马基雅维里》，田立年译，载刘小枫主编：《施特劳斯与古典政治哲学》，生活·读书·新知三联书店 2002 年版，第 463 页。

[5] J.S. McClelland, *A History of Western Political Thought*, Routledge, 1996, p.115.

　　启蒙思想家是人类思想海洋上远航探险的哥伦布，霍布斯率先出征，洛克、卢梭紧随其后，他们探索到了被称为"自然状态"的新大陆，他们报道的重要消息是，在自然本性上，人类是自由而平等的，他们享有生命、财产与追求幸福的权利。这一信息旋即为人类世界带来了一系列翻天覆地的革命，这些原则也为现代政治奠定了坚实的基础。[1]

　　三人之中，霍布斯是近代政治哲学的奠基人，是自由主义之父；洛克是第一位将自由主义核心观点整合为融贯的智识传统的开山巨匠；卢梭则继二人之后掀起了第一波对现代性的批判浪潮。[2] 三人对"天赋人权"各有所好，霍布斯最重自我保全，洛克青睐财产权，而卢梭最倡自由，这也因此决定了他们各异的对自然状态和社会契约的不同的逻辑推演。以占据现代性舞台中心的自由主义及其权利话语观之，洛克最受推崇，霍布斯颇有争议，而卢梭最为人所诟病。其中缘由，下面将一一道来。

　　首先是霍布斯与政治享乐主义的开启。霍布斯航海远征的启蒙时代是科学主义与理性主义大张旗鼓的年代。当他推窗四望时所看到的世界与亚里士多德之所见已大有不同。在亚里士多德眼中，万物自然静止，推触始动。而霍布斯所见，万物自然运动，受制于反力方止。构成人之幸福的，是运动，内在与外在的运动。[3] 科学与理性相得益彰，促成了一个"敢知"的启蒙时代的开启，而源远流长的自然法传统，也在此时转向。

　　古典时期的自然法理论被称为自然正当理论（natural right），主张存在一种外在于人类世界的自然法。善的生活就是按自然法生活，以达人在宇宙中的对应位置和完善状态。在此，自然是神圣的，德性先于权利。而启蒙时代首次将自然法描述为根源于人性的法则，自然法至此落入凡间。

---

　　[1]　Alan Bloom, *The Closing of The American Mind: How Higher Education Has Failed Democracy and Impoverished the Souls of Today's Students,* Penguin Books, 1987, p.162.

　　[2]　根据施特劳斯晚年的界定，现代性在总体上可分为三次浪潮，第一次由马基雅维里与霍布斯肇始，第二次由卢梭开启，第三次则发端于尼采。其中第二次与第三次浪潮也是现代性的两次大危机。Leo Strauss, "The Three Waves of Modernity", in Hilall Gildin (ed.), *An Introduction to Political Philosophy: Ten Essays by Leo Strauss,* Wayne State University Press, 1989, pp.81-98；甘阳：《政治哲人施特劳斯：古典保守主义政治哲学的复兴》，载 [美] 列奥·施特劳斯：《自然权利与历史》，生活·读书·新知三联书店2003 年版，第 17—18 页。

　　[3]　J.S. McClelland, *A History of Western Political Thought*, Routledge, 1996, p.213.

霍布斯的学说承继了这一自然法传统。他没有像古典传统那样将一个先于人类意志的客观秩序作为起点，而是把自然权利作为起点。这种权利是一种源于人的意志的主观声称，它不仅"不依赖于任何事先存在的法律、秩序或义务，而且，它本身是所有法律、秩序或义务的渊源"。[1] 同时，霍布斯还主张自然权利之中最为重要的是"自我保全"的权利。在他看来，基本的道德事实不是义务而是权利，而所有的义务都源于"自我保存"这一基本的、不可转让的权利。[2]

霍布斯何以选择"权利"而非"义务"作为自然法的根基？又何以在诸多权利之中唯独选中"自我保全"这一权利？这一问题涉及现代政治哲学的转向。在古典自然法传统中，人们除了在公民社会中并且通过公民社会，就不能达致其本性的完美，因而，公民社会优先于个人，而首要的道德事实是义务而非权利。[3] 对此，霍布斯持异议，在他看来，以"义务"界定社会秩序的古典政治哲学是"梦幻而非科学"的乌托邦，而以人的权利来界定社会秩序则是可能的。[4] 进而，霍布斯在放弃以人的完满来定义自然法的古典传统的同时，又试图以另一种方式保持自然法的观念。这便是从一切情感中最强烈的那个推演出自然法，因为唯有如此，自然法才能是最有效的。而在霍布斯预设的由人的利己之心，欲壑难填而至的敌对战争的自然状态下，一切情感中最强烈者乃是对死亡的恐惧，因此所有欲求中最根本者便是自我保全的权利。循此逻辑，公民社会的职能就必须根据人的自然权利而非义务来界定，而国家的功能也不再是创造或促进一种有德行的生活，而只限于保护每个人的自然权利。[5] 至此，霍布斯以人的利己之心为起点，以人的欲壑难填之势所导致的敌对状态为预设，通过人之畏死的情感恐惧和摆脱敌对状态的强烈渴望以及人之理性所昭示的订立契约以摆脱自然状态的可能，奠定了近代政治哲学的坚实之基，他也因此被视为自由主义之父。

然而，抛开各种溢美之词，霍布斯也同时开启了一个"政治享乐主义"的时代，他的自然权利理论以权利、物欲与祛魅替换了古典自然法传统无比敬重的德性（善）、克制与敬畏。其中，权利旨在突出每个人实际上都欲求的东西，当对物欲的满足压

---

[1] Leo Strauss, *The Political Philosophy of Hobbes,* University of Chicago Press, 1952, pp.xii.

[2] Leo Strauss, *Natural Right and History,* The University of Chicago Press, 1953, p.182

[3] Leo Strauss, *Natural Right and History,* The University of Chicago Press, 1953, p.184.

[4] Leo Strauss, *Natural Right and History,* The University of Chicago Press, 1953, pp.183-184.

[5] Leo Strauss, *Natural Right and History,* The University of Chicago Press, 1953, pp.180-182; Newey, Glen, *Hobbes and Leviathan,* Routledge, 2008, p.102.

倒一切，对义务的履行不再出于自我完善，而是功利计算之后，为权利而战并因此将义务暂抛脑后成为利益驱动下的直觉选择，而科学的祛魅也使人们少了对未知世界的敬畏，并增加了盲目自信，从而将更多精力投入到俗世的生活和享乐之中。

其次是洛克强调"财产权"的深意。如果说霍布斯首先提出权利的概念，洛克则赋予它最尊贵的地位。他以明确的方式对构成自由主义价值内核的个人主义、财产权及有限政府的理念做了系统阐述，从而成为自由主义的创始人。

洛克的思想轨迹同样离不开他所处的那个祛魅但却依然物资匮乏的启蒙时代。科学和理性之光给了人们向自然宣战的资本，征服自然，是人类现代政治发展的关键。时代需要的是人类专注自我权益的理智思考与勤奋劳作。[1] 这或许是洛克最重视财产权的社会文化根源。

然而，洛克究竟为什么对财产权如此重视呢？抛开老生常谈的阶级分析与社会分析方法，或许还有其他的原因。[2] 洛克至少在两个方面与霍布斯是一致的：一是都着眼于人们实际上而不是应该如何生活；二是两人的个人主义预设是相同的。不同之处在于洛克从自我保全权利出发，推出了有限政府而不是专制政府是更为有效的实现方式，并将财产权作为自我保全与幸福的前提，置于首要位置。[3] 财产权之所以为洛克所青睐还有着另一层原因，那就是其与劳动这一人类最符合自然的支配自身的方式相关，从而使财产具有了符合自然的秉性：

> 每个人对他自己的人身都享有一种所有权，除他以外任何人都没有这种权利。他的身体所从事的劳动和他的双手所进行的工作……是正当地属于他的。所以只要他使任何东西脱离自然所提供的和那个东西所处的状态，他就已经掺进他的劳动，在这上面参加他自己所有的某些东西，因而使它

[1] Alan Bloom, *The Closing of The American Mind: How Higher Education Has Failed Democracy and Impoverished the Souls of Today's Students*, Penguin Books, 1987, p.173.

[2] 正如《政府论》（下篇）导言所说："洛克思想的形成，同他的家庭、教育以及革命时期他的社会关系与政治活动是分不开的。"参见吴恩裕：《论洛克的政治思想》，载 [英] 约翰·洛克：《政府论》（下篇），叶启芳、瞿菊农译，商务印书馆1996年版，第 i 页。在此，笔者并没有否认这种分析方法的有效性，事实上，对于深刻理解一个人的思想，深入其所处的社会与阶级去分析是非常必要和有效的。只是，囿于本书所侧重讨论的现代政治哲学转向背后的深层内蕴，或许还有更为有效的分析路径。

[3] Leo Strauss, *Natural Right and History*, The University of Chicago Press, 1953, pp.231-235.

成为他的财产……从而排斥了其他人的共同权利。[1]

在这里，洛克的自然法与自然权利天衣无缝地融为一体了，也使自己看起来不是在背离而更像是诠释与延续自然传统。正如美国著名宪法学家爱德华·考文所言："自然法概念经过他的处理，几乎完全融入个人的自然权利之中。"[2] 不过，洛克将自然法与自然权利融入一体的同时，也进一步巩固了自由主义世俗但却牢靠的根基，那就是诉诸劳动、鼓励致富，并进而鼓励人的自强、自立与创造。

不过，洛克仍然没有摆脱享乐主义的泥沼。正如施特劳斯所言，霍布斯和洛克的政治哲学都将人的自由创造作为世界的驱动力，而自然不过是被改造而本身并无价值的对象。[3] 而沿着这个鼓励人之创造乃至欲望但却物化自然的路径一路走下去，追逐权利的个人离坠入享乐主义的深渊恐怕也就不远了。

最后则是卢梭对"自然"与"德性"的解读。卢梭是第一个站出来对这种"堕落"投反对票的人，他以慷慨激昂的笔调声讨理性的放浪不羁，并以一种古典式的德性语调对理性的堕落进行宣判。在他看来：

> 理性的批判在摧毁教会的信条和戒律之类令人困扰的虔诚之后，不会停止不前，不去摧毁眼下看来似乎还值得保留的那些被尊崇的东西。总之，理智是危险的，因为它毁掉虔诚；科学是破坏性的，因为它夺走信仰；理性是坏事，因为它标榜小心谨慎以反对道德的直觉。而要是没有虔诚、没有信仰、没有道德的直觉，也就既不会有人格，也不会有社会。[4]

卢梭因此试图找回启蒙失落的德性，并将这种诉求寄托在"自主式"的积极自由身上。[5] 在卢梭看来，达致善与德性的前提是人的自由，并且这种自由不是受制于

---

[1] [英]约翰·洛克：《政府论》（下篇），叶启芳、瞿菊农译，商务印书馆 1996 年版，第 19 页。

[2] [美]爱德华·S·考文：《美国宪法的"高级法"背景》，强世功译，生活·读书·新知三联书店 1996 年版，第 62 页。

[3] Leo Strauss, *Natural Right and History,* The University of Chicago Press, 1953, pp.248-249.

[4] [美]乔治·霍兰·萨拜因，托马斯·兰敦·索尔森修订：《政治学说史》（下册），盛葵阳、崔妙因译，南木校，商务印书馆 1986 年版，第 648 页。

[5] 丕品：《斯特劳斯的现代世界》，载刘小枫主编：《施特劳斯与古典政治哲学》，上海三联书店 2002 年版，第 313 页。

其他约束的消极自由，而是只受制于自我约束的积极自由。否则自由和德性之间的联系便无法建立，因为摇摆于自由与被统治之间的个人，被阉割掉了完整的自我。卢梭认为，要解决自由与被统治之间的矛盾，必须借助他那独特的社会契约。在这一契约下："我们每个人都以其自身及其全部的力量置于公意的指导之下，并且我们在共同体中接纳每一个成员作为全体之不可分割的一部分。"[1] 这样，"每个人既然是向全体奉献出自己，他就并没有向任何人奉献出自己"[2]。在此，个人意志与公意合二为一了，个人对公意的服从不过是在服从他自己，而自由并未因此受损。卢梭就这样以他的人民主权理论，继续保持着个人"自主式"自由的存在，并因而为他所欲的自由与德性之间的实现保留了理论的可能。

而历史的反讽在于，在这种自由引导下的法国大革命无情地践踏了卢梭所期盼的个人自由。其中缘由，贡斯当剖析得分外真切：

> 任何主权都必须由具体的个人行使……抽象的主权者本身无法行使权力，它必将将权力交给自己的代理人。这时，卢梭赋予抽象的主权者的那些属性便不复存在了。不管我们喜欢与否，当一个人将自己奉献给所有人时，他绝非向卢梭所想象的那样没有向任何人奉献自己，而是向以全体的名义行为的那些人奉献了自己。这就是说，任何政治权力不论在抽象意义上如何代表人民，如何体现公意，在实际上，它必然由少数人行使，必然更多地反映少数人的利益与意志……抽象的权力也许可能是高尚的、公正的、无私的，而现世的权力必然是偏私的、压迫性的，或者说是罪恶的。[3]

就这样，卢梭在为自己的"自主式"自由找寻回归古典德性的路径时，也不经意开启了"过度自由—大众民主—极权主义民主"的潘多拉之盒。而后世自由主义者因他之故，多赞成消极自由而反对积极自由。这或许便是以回归古典德性为初衷而倡导自由的卢梭，对现代自由主义最大的贡献吧。

---

[1] ［法］卢梭：《社会契约论》，何兆武译，商务印书馆 2005 年版，第 20 页。
[2] ［法］卢梭：《社会契约论》，何兆武译，商务印书馆 2005 年版，第 20 页。
[3] 李强：《自由主义》，中国社会科学出版社 1998 年版，第 67 页。

三、启蒙运动的批评者

在启蒙走向胜利之时，卢梭让它变得前途黯然了。后继者们试图在这迷雾中开始他们的思考，休谟和柏克是其中的杰出代表。两人对启蒙运动所高扬的理性持有怀疑态度，因此对启蒙运动既赞成又保留。在深入解读二人对理性的质疑之前，有必要先对启蒙的"人性公理"及建构其上的"权利话语"做一番回顾。

启蒙运动开启于 17 世纪，涵盖了整个 18 世纪，并于法国大革命时期达致顶峰。福泽后世的启蒙运动，在那个时代却是一场激进运动。这一激进始于笛卡尔与牛顿开启的唯物哲学对亚里士多德"第一因"之说的颠覆。自亚里士多德之后，世人皆以为物体本为静止，需要"第一因"推之始动，而这正是上帝存在的有力证据。但是，如果物体如唯物哲学家所言，本然就在运动之中，则不必援引一个神的奇迹干预，就能充分了解整个自然世界。[1] 上帝因此被逐出了伊甸园，而人类则试图成为这片乐土的主宰。受唯物哲学在自然科学领域成功的激励，启蒙时代的很多人期望成为社会科学的"牛顿"，力图找到人性的公理，并用科学的方法加以演绎，以实现完备的"人学"。这一过程与自由主义及其权利话语的形成直接相关，究其原因，主要有如下几个方面：

首先，所谓"公理"，必然有普遍性，而人学之"公理"自然需要有其普遍人性。因此，探寻原初状态之人，预设其普遍人性，并据以建构井然有序的政治社会体系便成为了启蒙思想家的努力方向。理性人、经济人、驱乐避苦之人等人性归纳都是这一逻辑的产物，它们构成了自由主义原子化的、普遍均质的人的预设的理论基础，以人而不是神为基点来解释政治社会与国家政府起源，以人意而非神意来解决政治秩序合法性问题的自由主义学说，正是得益于此。

其次，对应于自然宇宙的唯物主义，启蒙思想家相信，人的宇宙也有类似于物质宇宙的法则。如果将牛顿的运动定律比作"宇宙的宪法"，那么洛克的自然权利就是"道德世界的宪法"。而理性人所具有的认知能力将保障他们在享有自然权利的同时，也认识到有义务尊重他人同等权利的行使。人人皆如此，社会运作将如宇宙运行一样和谐。这些权利最初便是生命、自由及财产。[2]

再次，科学技术的进步开启了一种进步史观，其于"人学"的改变主要有两个方面，

---

[1] J.S. McClelland, *A History of Western Political Thought*, Routledge, 1996, p.336.
[2] J.S. McClelland, *A History of Western Political Thought*, Routledge, 1996, pp.345-346.

一方面体现在政治制度层面打破了循环史观，找到了使人民广泛享受政治权利的共和政体；另一方面体现在经济制度层面打破了基于匮乏经济的原罪说的神学诠释，通过贸易自由和对私有财产的保障摆脱国家经济干预，古典自由主义的放任经济理念与财产权观点便产生于这一过程之中。[1]

然而，"人学"之公理对古典传统的颠覆在带来进步的同时也打开了欲望的潘多拉魔盒。而自由主义及其权利话语则犹如一把双刃剑，既保护勤劳者的致富所得，也纵容贪婪者的物欲横流，甚至道德败坏。人于善恶之间的选择，全凭其主观价值世界所提供的启示，但资本主义发展所要求的理性化趋势，及其所带来的世界的祛魅，又颠覆了可以提供给我们启示的那个意义世界：

> 启蒙思想家的期望和预期是一种痛苦且反讽性的幻想（illusion）。他们认为，科学的发展、合理性与普遍性的人类自由之间有着强烈的关联性。但是，当被揭露和理解时，人们发现：启蒙的遗产却是目的—工具合理性（purposive-instrumental rationality）的胜利。破坏传统世界观基础之不可避免的现代化过程带来了世界的除魅（disenchantment of the world），与之相伴生的是，我们被置于虚无（void）之中。我们必须选择我们决定追逐的"神或魔"（gods or demons）。[2]

至此，启蒙运动开启了一种新的人性理论，并要以此新的人性观为人类世界的基础，在上面建构新的道德与政治体系。然而现代人在享受理性和自由带来的物质丰沛的同时，也在承受理性的自负所带来的各种问题。而休谟和柏克则在启蒙走向胜利之时，就已经洞察并预见到了这一风险。

首先是休谟反唯理主义的正义观。休谟哲学是一种基于经验主义之上的温和的怀疑主义。[3] 而其怀疑直指启蒙的核心 —— 社会契约与天赋人权。休谟的经验论与怀疑论及其对抽象的天赋人权学说与社会契约思想的批判，一举奠定了保守主义的

---

[1] J.S. McClelland, *A History of Western Political Thought*, Routledge, 1996, p.346-349.

[2] [美] 理查德•J•伯恩斯坦：《哈贝马斯与现代性》导言，孙国东译（未刊稿）。原出处：Richard J.Bernstein(ed.), *Habermas and Modernity*, CambridgePress,1985, pp.1-31.

[3] 李强：《自由主义》，中国社会科学出版社 1998 年版，第 79 页。

世界观与方法论。[1]

　　休谟对社会契约、自然法及自然权利的批判与他的正义观相通，而休谟的正义观是反唯理主义（rationalism）的："道德上的善恶的区别不可能是由理性造成的。"[2]在休谟看来，启蒙所预设的以理性控制激情，并通过理性完善道德是不可靠的。因为理性并不优于激情，也不能控制激情，反倒是侍奉激情，为激情奔走劳作。[3]但凡激情都是自利的，但自利这个激情很特别，因为它原则上是永不满足的，在人追求财富不受限制的社会里尤其如此。[4]能够抑制自利之激情的唯有激情自身，只有激情能够抑制激情，自我利益的激情分裂对峙能抑制其根本的反社会秉性。[5]人类社会是在经历了种种磨难才终于认识到了这一点。在这个意义上，对财产的尊重与等价交换的过程一定是渐进而成的某种"习俗"。正义的规则是缓缓长出，步履蹒跚的，而并非全有全无的社会契约。[6]

　　休谟注重经验的反唯理主义倾向也被用于他对自然权利的批判上，并进而启发了后世的功利主义者。因为强调渐进的理性主义，休谟反对理性建构意义上的现代自然法与自然权利。[7]

　　其次是柏克追求幸福权利的深意。虽同为保守，休谟的要津是珍视当下而非追忆过去，而柏克则注重古典传统。柏克也谈自然状态，自然权利以及社会契约，但却有自己的独到之处。

　　柏克所欲的自然状态不是"粗鲁无文的自然状态"，而是公民社会，后者是一种"习俗的产物"亦或是"蕴含了所有德性与完美性的伙伴关系"。[8]可以说，柏克眼中的自然状态是一种渐进理性的自然状态，是基于传统习俗渐进演变而至的现实形成，而不再是纯粹逻辑推理的产物。

　　柏克承认公民社会的宗旨是要维护人权，但他尤其在意追求幸福的权利，并特

---

[1]　刘军宁：《保守主义》，中国社会科学出版社 1998 年版，第 4 页。

[2]　[英] 休谟：《人性论》，关文运译，郑之骧校，商务印书馆 1983 年版，第 498 页。

[3]　J.S. McClelland, *A History of Western Political Thought*, Routledge, 1996, p.446.

[4]　J.S. McClelland, *A History of Western Political Thought*, Routledge, 1996, pp.446-447.

[5]　J.S. McClelland, *A History of Western Political Thought*, Routledge, 1996, p.447.

[6]　J.S. McClelland, *A History of Western Political Thought, Routledge*, 1996, p.447.

[7]　根据李强的论述，休谟的正义概念代表了与所有形式的唯理主义的决裂。参见李强：《自由主义》，中国社会科学出版社 1998 年版，第 80 页。

[8]　Leo Strauss, *Natural Right and History*, The University of Chicago Press, 1953, p.297.

别强调幸福（权利）必须经由德性对激情的限制方能获得。进言之，柏克承认每个人都有着自我保全与追求幸福的权利，但是他并不认为只有每个人都自己行使此项权利时，它们才是有意义的。因为"在好政府和由许多人主宰的政府之间并不存在任何必然的关联"，恰当理解的人权，必然指向"真正的天然贵族"的统治。[1]

柏克如此主张的深意在于他对社会复杂程度的理解。在他看来，"人类社会如做工精巧之物，细致纤脆，特别禁不住一些用心良好的改进计划，这些改良工事在抽象层次听起来可能不错，实践起来极可能破坏一个社会自身本有的自然平衡"[2]。柏克因此反对理性建构的自然权利，他认为权利之根深深扎在一个社会的发展过程之中，一个既存且尚可的政治社会秩序，何以非要遭受根基并不扎实的自然权利观的威胁？[3]

据此出发，也就不难理解柏克的精英情结，因为这根源于柏克对"权利拥有"与"权利行使"的区分。在柏克眼中，更为重要的"不是人们是否拥有这些权利，而是人们是否具有践行这些权利的智慧"。[4] 每个人确能以其情感判断苦楚，但解决苦楚的力量不是来自情感，而是理性与远见，并且经常来自常人难以体验的混合各种复杂情势的殚精竭虑，而这是多数人所不能领会的。据此，柏克认为法国革命的"成功"便在其最可能迎合没有头脑的大众的天然倾向。因为在启蒙思想家看来，"最基本的道德事实就是与其最基本的肉体欲望相对应的权利"。[5] 而审慎的柏克则试图恢复真正政治哲学的方法而反对理性的建构，因为在他看来，"实践的智慧所需要的，最精妙复杂的技巧，只有在漫长而多变的实践中才能养成"，[6] 而最后的权利最好是

[1]　Leo Strauss, *Natural Right and History*, The University of Chicago Press, 1953, p.298.

[2]　J.S. McClelland, *A History of Western Political Thought,* Routledge, 1996, p.453.

[3]　J.S. McClelland, *A History of Western Political Thought,* Routledge, 1996, p.458.

[4]　Leo Strauss, *Natural Right and History,* The University of Chicago Press, 1953, p.304.

[5]　Leo Strauss, *Natural Right and History,* The University of Chicago Press, 1953, p.301.

[6]　Leo Strauss, *Natural Right and History*, The University of Chicago Press, 1953, p.308.

隐而不显的。[1]

　　保守主义语境下的权利话语无疑对古典自然权利理论带来了巨大冲击。然而，休谟与柏克对权利话语的反思也是建构大过解构。保守主义对渐进理性的坚守与对建构理性的否弃，促使权利话语的后来者们开始反思启蒙时代从先验人性和纯粹推理出发所建构的自然权利与社会契约；而保守主义对现实的关注也启发了他们为权利话语寻找一个基于对现实社会深刻体察基础之上的更为稳靠的根基。既尊奉传统又关注现实，这或许就是经验的休谟与审慎的柏克为权利话语的后世发展所留下的宝贵财富。

四、小　结

　　自由主义是对中世纪传统的一种现代批判。这一批判肇始于马基雅维里，后经霍布斯、洛克等学者相继祖述，终成为一种现代性的、反传统的传统。

　　格雷将自由主义传统的基本特点概括为个人主义、平等主义、普遍主义和改良主义。具体而言，个人主义主张个人相对于任何社会集体的道德优先性；平等主义赋予所有人同等的道德地位，否认人们之间的道德差异对社会和政治秩序具有任何相关性；普遍主义肯定人类的道德同质性，并淡化特定的历史文化特征；改良主义认为所有的社会政治制度都是可以完善的。与之相应，自由主义的落实则包括保障个人自由、私有财产、市场经济以及代议政府等。[2] 单看这些内容，似乎很难理解自由主义何以受到来自其他各种思潮的轮番攻讦。但是，正如前文所述，自由主义是一种反传统的传统，要深入理解其所背叛的传统，我们需要进一步的对比分析。

　　本书将自由主义所反对的传统称为"古典传统"。这一传统崇尚过去的成就与智慧，崇尚蕴含传统的制度，崇尚对祖先与权威的敬重，对宗教与家庭的情感以及

---

　　[1]　柏克并不否认一切权威的最终来源是人民。但是，既然公民社会的职责在于满足愿望，那么既定的宪制的权威就更多来自于它在许多世代中的造福人民的工作或者是它所取得的成果，而不是来自于原初的或最终的那个人民。换言之，合法性的根据更多地不在于同意或契约，而是在于业经证明的造福于人的业绩。在原初契约的基础上形成的习惯，尤其是德性的习惯，比之原初的行动本身有着无与伦比的重要性。在柏克看来，"在某些条件下人们可以改变现有秩序，但是这是一种最后的权利，而社会的健康要求人民的最高主权几乎一直是隐而不显的"。而柏克之所以反对法国革命的理论家们，是因为他们将"某种势必在必行的情况"变成了"一项法律的准则"，或者说是因为他们把只有在极端情形下才有效的东西当作在通常情形下也是有效的。Leo Strauss, *Natural Right and History*, The University of Chicago Press, 1953, p.300.

　　[2]　John Gray, *Liberalism*, Open University Press, 1986, p.x.

对家乡故土和共同体的眷恋，并有着把从过去承继下来的行为方式视为有效指南的思想倾向。

具体而言，这一传统在思想倾向上具有六大特征：第一，观念上的保守性。它尊重过去的传统和惯习，强调制度具有延续性，主张审慎和渐进的变革，反对革命，反对理性的建构而青睐经验主义和实践性，并对进步主义的历史观持保留态度。第二，人际间的等级性。它相信文明社会的等级秩序，而反对抹去自然差别的普遍均质和齐同的人际观，后者既不符合实际，也有可能坠入相对主义甚至虚无主义，而使平等本身失去意义或名实不副，因为它既无法使优越者脱颖而出，承担其相应的义务和责任，也无法使先天存在差异者获得与其相应的关爱。第三，人自身的社会性。它认为社会是一个有机体而非机械体，反对个人高于、先于、独立于共同体的观念，反对无关联的、原子化的个人主义，主张宗族、家庭、社团对个人的优越性，或至少强调两者的相互依存和对彼此的相互成就。第四，历史文化的差异性。它反对普遍的理性观念和抽象的个人及权利学说，而承认具体历史文化中的特殊的人，追求事物的独特性和多样性。它强调民族特性、民族精神、独特的历史文化与制度具有的价值，倾向于以特定历史的具体性与特殊性解释社会国家起源和政治制度的性质。第五，价值上的倾向性。它赞同善优先于权利，而表现出在价值上的倾向性。它反对自由主义在价值上秉承中立性，反对自由主义的权利优先于善，并以个人权利作为政治权力的存在与运作的合法性基础的观点。第六，国家的干预性。它主张国家在不伤害个人的前提下，应该对社会事务进行干预，国家应该救济穷苦之人、应该监督控制贸易、应该制止奢侈行为、应该消灭不道德行为、应该维护宗教真理等。[1]

综上所述不难看出，保守的"古典传统"和自由主义的"现代传统"在理念上是有明显区别的，两者各自具有独特的内容和特质。具体而言，古典传统强调传统

---

[1] 笔者对"古典传统"的总结参见了多种有关保守主义思想的概括和总结。具体参见 Robert Nisbet, *Conservatism: Dream and Reality*, New Brunswick, 2005, pp.19-37; William Aylott Onton, *The Liberal Tradition*, Yale University Press, 1945, pp.13-14; Russell Kirk, *The Conservative Mind* (Sixth Revised Edition), Gateway, 1978, pp.7-8; [英]休·塞西尔：《保守主义》，杜汝楫译，马清槐校，商务印书馆 1986 年版，第二、三章；[英]罗杰·斯克拉顿：《保守主义的含义》，王皖强译，刘北城校，中央编译出版社 2005 年版，第 1—13 页；[美]凯克斯：《为保守主义辩护》，应奇、葛水林译，江苏人民出版社出版社 2003 年版，第一、二章；刘军宁：《保守主义》，中国社会科学出版社 1998 年版，第 23—26 页；蒋庆：《保守主义真义——评刘军宁〈保守主义〉一书对柏克保守主义思想的误解》，载蒋庆：《儒学的时代价值》，四川出版集团·四川人民出版社 2009 年版，第 149—157 页。

与惯习的合理性，而自由主义主张立足于现实的法治；古典传统强调经验，强调演进理性，而自由主义主张建构理性，并相信历史进步的观念；古典传统强调人际间的等级和秩序，而自由主义主张人与人之间的平等均质；古典传统强调宗族、家庭、社团对个人的优越性，而自由主义主张个体及其权利的优先性；古典传统强调历史文化传统的独特性，而自由主义主张消除独特性的普遍主义；[1] 古典传统强调善优先于权利，而自由主义主张权利优先于善；古典传统强调仁慈的干预主义，而自由主义主张经济上的放任主义和价值上的国家中立。

　　尽管存在上述差异，古典传统和现代传统（自由主义）本身都应该是流动的传统，两者之间的界限并不是绝对的、割裂的，而是融合的、互动的。在这个意义上，两者不应该是对立的，而是相互融通的。客观地说，自由主义本身所具有的自由、宽容的精神在一定程度上使其能以开放的心态面对各种思潮的冲击和攻讦，并不断对自身做出修正。而下文就将再次回溯至历史语境中，再现自由主义发展过程中的这种张力和自由主义自身对之做出的回应和修正，并继而指出其于这一过程中所逐渐凸显的自由主义权利话语难以克服的局限。

---

[1]　在这一点上，自由主义似乎存在着一个悖论，一方面，自由主义的宽容观和平等观可以包容多样性；但另一方面，自由主义的普遍主义却又在抹杀，甚至阻碍着这种差异性的形成。其吊诡之处在于，笼罩在"文化多元主义"这一笼统概念之下的部分权利诉求是从自由主义的平等政治中衍生出来的，但却对自由主义构成了极为尖锐的挑战。而当代自由主义似乎没有能力在一个同质化和异质化相互交织的世界里提供一种普遍主义的权利理论。有关这一问题的进一步探讨及可能的解决方案，参见汪晖：《承认的政治、万民法与自由主义的困境》，载汪晖：《死火重温》，人民文学出版社 2000 年版，第 298—356 页。

第三章　功利主义与美好生活的发展

从霍布斯、洛克到卢梭，自由主义已经有了长足的发展，对自由的热爱已经成为人们的普遍心理，启蒙的使命也基本完成。在英国，从光荣革命到19世纪，自由主义倾向明显的辉格党人一直是英国先进思想的代表，他们主张个人主义，提倡责任政府，要求道德上的宽容和宽松。这些观念都是自由主义的题中之意，也构成了古典自由主义的基本立场。但休谟之后，天赋人权的根基几被颠覆，从而迫切需要一套普遍主义的道德哲学，以建立起完善的理论体系。功利主义思想因此应运而生，其所致力于解决的，正是关于自由、平等等政治权利的哲学根据问题。但功利主义哲学也有两个副作用，一是使原本仍小心翼翼依循于自然秩序而对物质欲望半遮半掩的自由主义彻底走上了享乐主义和消费主义的庸俗之路，并借助大众民主获得了日益广泛和稳固的合法性；二是实证主义哲学的大行其道和工具理性的建成宰制之势。

在这个意义上，要讨论现代社会的幸福生活的理论渊源，不可不提功利主义思想。本章便是对这一理论传统与美好生活关系的进一步梳理。

一、边沁幸福观的吊诡之处

自19世纪中叶之后，自由放任所导致的种种社会病态向诸多生活领域扩展。而在观念领域，功利主义开始占据了主流舞台，而这是一次与古典自由主义传统的决裂，尤其体现在边沁的直白表述中。

边沁幸福观的吊诡在于它以不忍人之心出发，以立意高远的幸福观反对教会对道德特权的垄断和国家对民瘼的熟视无睹，但却因为对理性的自负和对人性的简化，而进一步推动并奠定了霍布斯开启的政治享乐主义传统。究其原因，则在于受功利主义推动而日渐盛行于西方社会的实证主义传统本身无法容纳对幸福之价值的思考，这使得边沁基于幸福考量的功利，成为排斥了价值合理性的工具理性宰制之下那个必然绑架了幸福的功利。

边沁的思想犹如一把锋刃，而"自然权利是高烧下的胡言乱语"便是它刺出的致命一击，休谟之后本已奄奄一息的自然权利由此变得愈加落魄。[1] 以权利话语批判功利的著述不胜枚举，抛开老生常谈的论调，罗尔斯指出的一点至关重要，即边沁主义者多有不忍人之心。[2] 这一点可谓切中要害，正是不忍人之心趋使边沁犯了被哈耶克斥之为"建构理性"[3] 的错误，而为后世自由主义者落下话柄。

生活中的边沁很难让人与他的激进功利主义联系起来，正如一位评论家所言：

> 边沁易动恻隐之心，乐于扶危济困。任何事物只要边沁认为有利于造福人类，他就非常关注；从事改革事业，既未给他带来金钱，也未给他带来高位，反而使他屡受讥讽，甚至谩骂，但他仍然为改革事业长期辛苦劳累；由此可见他对人类存心之仁厚。[4]

其实，把边沁和他的理论放在他所处的那个时代，我们就能窥见这种矛盾背后的隐情：一边是只知布道劝人克己的基督教会，一边是慵懒且自我感觉良好的政府，而更多却是生活在贫瘠中的劳苦大众。于是边沁觉得应该做点什么，他想到了"最大多数人的最大幸福"，并以此作为他功利主义建构的基石。但是这种美好的愿望却没有换来他意欲的结果，原因出在他理解的幸福上。边沁那被密尔斥之为"未开化的幸福观"太浅显单薄了，他所采用的道德算术与幸福微积分也直来直去得让人

---

[1] 边沁对自然权利论的不满淋漓尽致地表现在他尖酸刻薄和近乎粗鲁骂街式的言辞中。这种批评集中体现在他对法国人权宣言的冷嘲热讽上。在边沁看来，法国《人权宣言》是"一个形而上学的作品——形而上学的极点"，它的条文要么是"无法理解的"，要么是"错误的"，要么就是"既无法理解又错误的"。参见 [英] 罗素：《西方哲学史》，马元德译，商务印书馆 1982 年版，第 329 页。

[2] 罗尔斯对功利主义者持同情仁爱之心的"利他主义观察者"立场的局限性的批判，参见 John Rawls, *A Theory of Justice*, The Belknap Press of Harvard University Press, 1971, pp.189-191.

[3] 哈耶克的建构理性主义（constructive rationalism）与渐进理性主义（evolutionary rationalism）的区分，参见 [英] 哈耶克：《自由秩序原理》，邓正来译，生活·读书·新知三联书店 1997 年版，第 61—82 页。

[4] 转引自李强：《自由主义》，中国社会科学出版社 1998 年版，第 96 页。

发笑，这一点密尔的评价已是耳熟能详了，即这种幸福只有量而缺少质，幸福到底是什么，是个应该好好想一想的问题。[1]

幸福之难以定义源于人之千奇百怪，边沁于是简而化之选择了他认为最共通的那些东西作为衡量幸福的指标。殊不知复杂即是复杂，人性在此是简化不来的。在这一点上，边沁比启蒙思想家们偏离得更远。如果说古典自然法传统在后者那里还只是被半遮半掩地背叛，边沁则捅破了这层窗户纸。在边沁看来，幸福是唯一一本身可欲之善。[2] 正是这种思想，使边沁将攻击的矛头对准教会和国家。在边沁看来，教会是道德特权的垄断者，而国家则擅长于带来不幸，而不是幸福。

教会劝人克己牺牲，宣扬无私奉献，这些古典自然法传统中的美德在边沁看来不是错误而是华而不实。边沁认为，基督徒所宣扬的道理不适合追求幸福的理性人。在他看来，一切道德立场若非错误，就是隐晦了真正的问题。边沁并未就此作罢，他更进一步斥责道，所有道德立场如果自我检视即会发现自己也是功利主义者。[3] 尽管边沁的幸福观带有强烈的道德关怀，尽管边沁的幸福观宣扬高低贵贱都应享有幸福的平等观，尽管当时的教会或许真的是腐败僵化的，但边沁选择攻击对象的时候不应该挑战传承千年的自然法传统，而且更不该试图用他所理解的浅显单薄的"善"取代之，这也大大减损了边沁功利主义思想的学术品性，而他对古典自然法传统之善的重新诠释也注定是要失败的。原因也很简单，那就是理性的狂妄与自负和对社会与人性的简单化理解。不知边沁是否读到过柏克的文字，还是他认为矫枉必须过正呢？

而在对待国家的态度上，边沁也毅然决然地表现出了他与古典自由主义传统的决裂。边沁主义承继了启蒙时代所孕育的开明专制传统，而唾弃"守夜人"式政府的慵懒无为。启蒙思想家希望国家权力集中于一个国家中心，使这中心能从事强大而有效的改革行动。古典自由主义"对国家的疑惧"以及对民主时代社会多数意见之专制的恐惧，是后来出现的主题。边沁主义者坦白接受国家权力的现实。他们对古典自由主义倡导的立宪政府没有兴趣，而更乐见政府拥有足够权力来谋求最大多

---

[1]　密尔将边沁的基于严谨算术的功利观斥责为"未开化的幸福观"。这种观念认为，人只要获得他们当下碰巧想要的东西，就会幸福。密尔则强调，对什么构成充分的人类幸福，是必须好好想想的问题，并非人人都能一眼望见，一般的幸福与终极的幸福之间的差异是不能量化的。参见 J.S. McClelland, *A History of Western Political Thought*, Routledge, 1996, p.514.

[2]　[英] 边沁：《道德与立法原理导论》，时殷弘译，商务印书馆 2000 年版，第 57—63 页。

[3]　J.S. McClelland, *A History of Western Political Thought,* Routledge, 1996, p.496.

数人的最大幸福。边沁在这里突破了保守立宪主义者对政府合法性的看法，这种看法曾经在柏克那里有所体现，即既定的宪制的权威更多来自于它在许多世代中造福人民的工作或者是它所取得的成果，而边沁认为这不过是在逃避责任。政府曾经被视为有不能告诉我们政府"今天"实际上是何等情况的正当性。我们需要的是一项标准，用以评断政府的行事。而唯一可能作此评断标准的，是"最大多数人的最大幸福"。功利主义应用于政府，便显现了其不同于渐进理性的建构理性。边沁主义反对政府的无所作为，政府如果只是维持局面，那是对自己功能的误解。政府之存在，是为了增加人类幸福。而政府在制度上懈怠，是自利的表现，因为懈怠的制度往往是一个统治阶级及其朋友的既得利益所在。[1]

边沁主义者倒是不否认民主的价值。他们认为统治者对功利的算计，在一个民主的社会中必然会促使其迎合大众的需求，从而通过他们的选票保住自己的位置。但是边沁忽略了政治决策本身所需要的果敢、英明和立意高远与民众（尤其是缺少了优越情感追求的民众）狭隘短视的利益诉求之间的矛盾。其结果要么是政客们巧舌如簧鼓动民众以获得选票，但无甚真才实学；要么是有真知灼见者上台之后另立炉灶，背弃当初的承诺。无论哪一种情况都败坏了政治的名声，其结果于民主无异，对功利也无异。民主一旦沾上了功利，其弊病只会显现得愈发明显。如果说边沁之前的政客们对之还有所忌惮的话，边沁所做的就是让他们在心理上对自己的行为有了极大的安慰。功利使得边沁主义者所意欲的那个"创造幸福的契约"成了谎言与尔虞我诈的温床。当然，这并不是要否认民主本身的价值，有所顾忌总好过肆无忌惮，但边沁主义者无疑恶化了民主的弊病。

通过上述内容，我们看到了边沁思想的吊诡之处，其立意高远，却流于低俗。一方面他以攻击教会反叛传统道德，另一方面他主张政府权力的积极运作并主张以功利化的民主限制之。前者教唆人们放弃对优越情感的追逐，而后者又试图劝说统治者迎合放弃优越情感而流于低俗的大众民主诉求。在此，柏克的忧虑正逐步变得现实紧迫起来。[2] 如果说霍布斯开启了政治享乐主义的传统，那么边沁则为这种传统

[1] J.S. McClelland, *A History of Western Political Thought*, Routledge, 1996, p.499.

[2] 柏克对大众民主弊病的质疑不仅体现在他的政治理论中，也体现在他的政治实践上。在柏克所处的时代，议员们多唯其选民马首是瞻，柏克是少数能坚持主见维持其本身判断之人，但这也注定了他的仕途不畅。这进而促使了柏克对民主制的忧虑，以至于他提出了那个看似荒诞的对政治权利和选举权利不适用于大众的想法。Leo Strauss, *Natural Right and History*, The University of Chicago Press, 1953, pp.300-304.

找到了最有力的代言人 —— 功利。纵观其后自由主义的发展，尽管对边沁的批评时有耳闻，但实际却是按照边沁指引的功利方向一路走来，一种弥漫在个人欲求与政治角力之中的低俗气息今日已随处可闻。

二、游走于功利与自由之间的密尔

如果说，自由主义建构在世俗而牢靠的基础上，边沁其实只是走完了第一步，而密尔则走完了剩下的一步。在政府问题多多的时候，边沁主义最好用，因为其立意本无甚高论，而所涉之功利建构又多切实可行。但当政治秩序相对井然，具备合理稳定度的社会已然成型，紧急意识逐渐消退之时，边沁主义的弊病就显露出来。这个道理其实也很简单，恰如密尔所言，幸福不光有量还有质，再无甚追求之人，也都多少会有超出动物之吃喝拉撒的精神追求，而一个物质欲望基本得以满足的相对稳定有序的社会，恰好提供给了人们一个对幸福重新思考的适宜机会。密尔所处的时代，尽管还没有完全达到这样一个社会，但功利主义的弊病却逐渐开始显露。对此，密尔必须前进，去思考如何打通自由主义与功利主义之间的隔阂，使之尽可能融贯起来，带着这样的使命，密尔的学说中体现了游走于两端的暧昧。

尽管在本质上密尔仍然是个功利主义者，[1] 但他基于功利目的而对自由主义所做的一些论述已经使后者具有了独立于功利主义而单独存在的价值，这使后世自由主义者很容易在密尔那里汲取养分。事实上，密尔不仅是功利主义的集大成者，更是全面详尽阐述自由主义基本原则的第一人。密尔的暧昧恰揭示出功利主义与自由主义之间的牢靠联系，尽管在密尔那里，这种联系被最大限度地合理和精致化了。

"密尔是世界上最容易被判定为不一致、不完整、缺乏全面系统的人。也正因为如此，许多一致的、完整的、全面的系统都销声匿迹了，他的著作却长存不朽。"[2]其实如果以最大的知性真诚面对问题，矛盾是随处可见的，而一致可能正是人工修葺的产物，所以密尔的不一致恰是其审慎睿智的表现。密尔所面临的首先是他那个时代的权威危机：

---

[1]　密尔对功利主义的背离程度和对大陆哲学的接受程度远比他自己想象的要小。就其哲学的基本特征而言，密尔仍然是一个功利主义者。参见李强：《自由主义》，中国社会科学出版社 1998 年版，第 100 页。

[2]　[英] 霍布豪斯：《自由主义》，朱曾汶译，商务印书馆 1996 年版，第 53 页。

在现代世界，谁的话语具有权威？去哪里寻找一个道德权威的中心，为现代世界扮演中世纪教会在其时代所扮演的角色？又何处可得一个政治权威的中心，这中心令人信服地据有从前由国王和贵族据有的位置？现代世界正走上一个与过去社会根本不同的方向，这一点没有哪个 19 世纪的思想家怀疑，但新社会最恰当的政治权威形式是什么，则一直无解。[1]

密尔对这一危机的思考使他摇摆于功利与自由（权利）之间，而其暧昧也正体现于此。在骨子里，密尔仍然是一个功利主义者，尽管他曾为此经历最为痛苦的情感煎熬：

小密尔早年受到最刻板的教务灌输和极端严格的教育"栽培"。这样强迫的早熟，在一段时间内造成他精神枯竭。密尔的学术生涯是矛盾的。一方面，他以强烈效忠于个人的感情，对从父亲和边沁那儿学到的哲学，保持着言过其实的忠诚之心。同时，他对德国唯心主义产生的对立面哲学具有相当程度的同情和赞赏……密尔的思想突出地具有高度朴实的品质和学术上诚实的特点，这就使得他几乎是神经质地急于以公正的态度对待同他自己哲学对立的哲学。于是，他倾向于做出比他了解的更多的让步，这些让步往往更多表现为宽容而不是批判。[2]

下面，笔者将通过对密尔理论的梳理，尝试揭开这一暧昧背后的思想根源。这一梳理将围绕密尔对边沁功利主义思想的修正展开。如果回顾一下西方政制的传统，我们不难发现，"精英政治"一直在政治运作中发挥着实际的作用。而当边沁以"功利主义"的姿态，再次强有力地为"大众民主"推波助澜之后，民主大潮日益风起云涌，已成不可阻挡之势，密尔恰生活在这样一个年代。受托克维尔的影响，密尔赞同日益趋向于更大平等状态的民主运动几乎无可避免，但他同托克维尔一样，并不认为这个运动本身就是进步的，并进而在自己的理论中对其进行了限制。[3] 密尔对大众民

---

[1]　J.S. McClelland, *A History of Western Political Thought,* Routledge, 1996, p.509

[2]　[美] 乔治·霍兰·萨拜因，托马斯·兰敦·索尔森修订：《政治学说史》（下册），盛葵阳，崔妙因译，南木校，商务印书馆 1986 年版，第 776—777 页。

[3]　Leo Strauss, Joseph Cropsey(ed.), *History of Political Philosophy*, Rand McNally, 1972, p.938.

主的审慎态度与他的两点思想相关，一个是密尔关于精英政治的态度，另一个是密尔对幸福的理解，而这最终又和他对自由的思考联系在了一起，并为他提出代议制作为政治权威的解决之道提供了思想基础。

在密尔所处的时代，尤其是当时的英国，精英理论家的观点颇具影响。他们认为，人民的声音不宜太按照字面意思来看待。这种声音必须经过注释，即加以修正和稀释，或者由代表代为表达即可。[1] 这种思想在柏克那里得到了令人信服的论证，即人民最终的权利最好是隐而不显的。这种看似反动的声音除了有其政治上的审慎与睿智之外，也并不排除现实的政治利害关系和对劳工阶层基于不甚了解的顾虑。[2] 密尔显然受到了这种论调的影响，这使他对大众民主甚至激进民主充满疑虑。而当时的社会现实又恰好在此时推了密尔一把，让密尔实际上成为了一个精英政治的支持者。更具体地说，密尔所处时代的英格兰社会已是一个较为自由的社会，一方面，人们愈来愈喜欢人人从众的社会习俗；另一方面，愚狭之辈与道学之流开始得势，众人共识蔚为专制，择不合流俗与敢持异见者而噬之。[3] 这使密尔得出了人民不是他们幸福的最佳判断者的结论，这一观点自然为边沁主义者所不容。[4] 但这却未必是密尔的背叛，而可看作一种审慎。密尔自有他的理由，这个理由就是对幸福的重新诠释。

密尔对幸福做了质的区别以补充单纯对量的强调。在密尔看来，某些快乐，尤其是灵魂与精神的快乐，本身就优于肉体的快乐，而不论其数量多寡或情境如何。因此，幸福不仅需要无痛苦的快乐生活，而且需要实现更为高尚的快乐，即使这种快乐以痛苦和牺牲低等快乐为代价。[5] 密尔对幸福质的强调一方面拉近了他与精英政治的态度，另一方面又推动了他对个人自由，尤其是对个人心智成熟与个性自由发

---

[1]　J.S. McClelland, *A History of Western Political Thought,* Routledge, 1996, p.509.

[2]　所谓政治利害关系的考虑主要是针对选举权扩张所可能带来的不稳定而言的，因为选举权的扩张会将竞争的阶级带进政治架构之中。中产阶级往往排斥上流社会，也信奉财产分配不平等的神圣性。劳动阶层则潜藏着巨大的不稳定因素，你无法信任他们会让现有的财产关系与分配方式维持不变。而对劳动大众实际情况的不了解，则加深了对这种社会齐平的恐惧。参见 J.S. McClelland, *A History of Western Political Thought,* Routledge, 1996, pp.510-511.

[3]　J.S. McClelland, *A History of Western Political Thought,* Routledge, 1996, p.512.

[4]　在边沁主义的民主理路中，虽然并不是人人都擅长或能正确地判断他们的幸福，但仍假定每个人是他自身利益的判断者。因为边沁主义者不能不假定每个人知道什么对他最好，否则一个人就可以将他的幸福观念强加于另一个人的身上。J.S. McClelland, *A History of Western Political Thought,* Routledge, 1996, p.513.

[5]　Leo Strauss, Joseph Cropsey(ed.), *History of political philosophy*, Rand McNally, 1972, p.938.

展之间内在逻辑的思考。这样两个看似矛盾的方面，似乎在向我们展示密尔思想的某种"分裂"，而密尔又是如何连贯起它们的呢？下面笔者将尝试以密尔的"三个主权者"的思想作为分析的框架，并在最后指出，密尔的精细设计或许并无法导致其所意欲的结果。

首先，我们来看看密尔的三个主权者理论。在密尔看来，这世界上有三种不同的主权主张者，国家、社会、个人争相做主。国家透过法律行事，社会透过在社会上居于主导地位的意见行事，而个人维持其主权的仅有途径便是时刻监视国家，并与社会意见相抗衡。在密尔看来，国家稳居正式主权，社会稳居非正式主权，个人只有靠自发主动才能使天平向自己这边倾斜。[1]

然后，我们再来看看密尔强调精英政治的初衷。密尔在他的幸福理论中推崇精英政治主要是基于这样一个认识，即两种幸福的滋味并未被大多数人所遍尝，因此他们也无从比较其优劣高下。因此，唯有既享受过高度物质舒适，又具有高度心灵发展的人才可能有此见解。而这些"优越的心灵"应当承担教导他人的权利与义务，他们对同胞的发言将有一种特别可信的权威。[2] 密尔正是期望他对个人主权的倡导能够产生这样的"先知"。在一个"自然状态"[3] 下的社会中，这些"精英"或许能够成为国家和社会的主权者。但问题是在现实社会中，这样的精英如何脱颖而出？是依血统、举荐，还是选票民主？或许只有民主才是那个最不坏的制度。其实问题并不在于选拔的方式，而在于选上来的人。现代民主政治的完善能够充分保障民众选出他们想要选出的那个人，但也仅此而已。这个人其实不仅仅是偏离了柏克意义上的那个人，他也未必是密尔想要的那个人。[4] 柏克认为关键不是人们是否拥有这些权利，而是人们是否具有践行这些权利的智慧。由此出发，柏克认为虽然每个人都有

---

[1]　有关密尔对三个主权者的论述，参见 J.S. McClelland, *A History of Western Political Thought*, Routledge, 1996, p.516-517. 不同于该书作者的陈述，笔者将试图借这个框架来连贯笔者所说的密尔思想中的"分裂"。

[2]　J.S. McClelland, *A History of Western Political Thought*, Routledge, 1996, p.514.

[3]　密尔区分了自然状态与过渡状态，而自然状态是由最适宜统治的人在其中充当实际统治的状态。参见 Leo Strauss, Joseph Cropsey(ed.), *History of Political Philosophy*, Rand McNally, 1972, p.936.

[4]　密尔希望的是真正先知式的精英。在边沁那里，笔者已经论证了纯粹基于功利的考量，无法保证选出这样的精英；而在密尔这里，他扩展了幸福的定义，并将这种幸福同他的自由联系起来，但是这种对自由的偏狭定义，也未必能让密尔得偿所愿地找到他所意欲的精英。无论是在自由社会中，这种精英自生自成长成才的概率，还是在选票政治下这种精英脱颖而出的几率，或许都没有密尔期待的那么高。

追求幸福的权利，但并不是每个人都自己行使这项权利的时候，它们才最有意义。[1]
到此为止，密尔和柏克是一致的，而站在了边沁的对立面，因为他也认为人民不是
他们幸福的最佳判断者。密尔通过对幸福的重新诠释进而引入了"优越心灵"的重
要性的强调，这不妨看作他为柏克所做的一个注脚，但他却没有停留在柏克这里，
而是想在柏克认为最不可能的地方重新建构他的理论大厦，那就是通过自由而让尽
可能多的人学会践行权利的智慧，或者至少让他们拥有这种理论上的可能，但是密
尔能够成功吗？

　　要阐明这一点，我们需要从密尔的自由观说起。密尔的自由是一种柏林所言的"消
极的自由"，这体现在密尔著名的伤害原则上：第一，别人也能够享有同等的自由；
第二，一个人的行为不能伤害到别人。[2] 在密尔看来，"任何人的行为，只有涉及他
人的那部分才须对社会负责。在仅只涉及本人的那部分，他的独立性在权利上则是
绝对的"[3]。至此，密尔尽管从论证幸福的功利目的出发，但却让他原本作为手段的
自由（权利）具有了独立的目的性价值。密尔之所以如此，乃是因为他看到了一条
贯穿于自由与心智的发展与成熟之间的逻辑链，即"表达的自由—判断的自由—个
性的自由发展—心智的成熟—践行智慧的能力—幸福的达致"。而这一切实现的前
提，首先必须是将个人自由从国家和社会的压抑中解放出来。密尔自由观的根本动
机正在于此，通过就个人主权在与之相争的国家及社会主权之间划出明确的界限，
而将希望寄托在他那消极的以"己"为界的自由上，对纯粹的自我行为，我就是我
的主权者，对干涉他人的行为，则通过国家与社会的主权进行制约，因此而形成他
的一个精细的体系。[4] 密尔的功利主义不仅容纳了自由，而且使之成为一个间接具有
基础性地位的理论构成。这便产生了一个疑问，在密尔的体系中，究竟是功利重要，
还是自由重要？

---

[1]　Leo Strauss, *Natural Right and History*, The University of Chicago Press, 1953, pp.298-299.

[2]　在这里笔者采用的石元康简化的密尔论自由的两个原则，笔者认为他的解释比密尔《论自由》
中译文中的解释更为简洁精到。参见石元康：《当代自由主义理论》，联经出版事业公司 1996 年版，第 6 页。
而原译文："个人的行为只要不涉及自身以外的什么人的利害，个人就不必向社会负责交代；关于对他人
利益有害的行为，个人则应当负责交代，并且还应当承受或是社会的或是法律的惩罚，假如社会的意见认
为需要用这种或那种惩罚来保护它自己的话。"[英] 约翰·密尔：《论自由》，许宝骙译，商务印书馆
1959 年版，第 102 页。

[3]　[英] 约翰·密尔：《论自由》，许宝骙译，商务印书馆 1959 年版，第 10 页。

[4]　J.S. McClelland, *A History of Western Political Thought*, Routledge, 1996, pp.516-517.

其实这个问题的症结不在密尔这里，毕竟密尔是一个基本没有异议的功利主义者。这个问题的关键还在笔者开始讨论密尔时所说的那句话："密尔的暧昧恰揭示出功利主义与自由主义之间的牢靠联系，尽管在密尔那里，这种联系被最大限度地合理和精致化了。"因此，从密尔理解的"功利"出发，必可推至他所谓的"自由"，但是从这个"自由"却未必推得回密尔想要的"功利"。这便是密尔理论的吊诡所在：后世之人多以密尔的自由观去实现边沁的幸福观，而遗忘了密尔这种自由观本欲是矫正边沁的幸福观的。[1] 密尔其实是想为"优越的心灵"脱颖而出创造一个自由的人人平等的空间，但也恰是这样一个空间，这样一个过于宽容、齐平的空间，稀释了"优越的心灵"所需要汲取的很多养分。在这个问题上，密尔自己便是一个很好的例子，如果我们认为密尔有一颗"优越的心灵"的话，他的成长却是源于一种使命感和担当。而在一个人人以消极自由划界的社会中，笔者对产生这种"使命感和担当"的前景不太乐观，或者说和不那么自由的环境相比，未必它就有更好的前景。[2] 当然，如果我们放弃对一个确实存在的"善"的人生意义的探讨，这种自由倒是最符合大众的口味，就像那句经典的广告词："我的地盘我做主"，那么我的人生也是我做主，这里没有优长高下之判，有的只是我的、你的、他的多元的价值观、人生观，这便是当代自由主义所提倡的。他们只从密尔那里读到了人性自由的"因"，却没有读懂或忽略了他想要的"果"。或许这本就是带有"功利主义胎记"的自由主义所必然的逻辑，这个逻辑的尽头便是工具理性的宰制。对此，格雷这样说道：

> 现在我们可以看到在自由主义的知识传统中出现了决定性的破裂，这一破裂并不是指因为功利主义的缘故对自然权利理论的摒弃，或是以积极自由的概念取代消极自由的概念，而是一个新的、自负的理性主义的出现……如果说在古典自由主义者看来进步意味着由人们之间自由交换而产生的财产权，那么对于现代自由主义者来说，进步就是"理性社会"（rational

---

[1] 在笔者看来，当代功利主义者多落入这一泥沼。关于当代功利主义者的论述，参见 [加] 威尔·金里卡：《当代政治哲学》，刘莘译，上海三联书店 2004 年版，第 21—98 页。

[2] 即便是宽泛地说，这里的"自由"也远该比密尔所强调的那种"消极自由"严苛。那种完全剥夺个性发展的自由必然是一种令人窒息的自由，但是笔者很怀疑这样一种自由的真正存在。而在没那么自由的专制下却每每能"爆发"出巨大的人性的力量。比如，启蒙运动发端于法国与德国的专制主义，而美国唯一原创的爵士乐（如果我们将创造性也看作人性发展的一个重要方面的话）本就是奴隶的音乐。笔者当然不是要为"专制"唱赞歌，只是想证明自由与个性发展之间并没有那么必然的逻辑联系。

society）这一特殊概念在全世界的实现。这在约翰·斯特亚特·密尔的著作中表现得很清楚，他是一位最终倾向于现代自由主义的分裂的（divided）暧昧的自由主义者。一旦进步被界定为理性计划的生活之实现而不是人类能力所不可预见的产物，那么自由将不可避免地从属于进步的要求。这是古典自由主义者通过明智地承认以人类理智不能规划未来进程来避免的冲突。[1]

或许密尔未必是格雷所言的那种进步论调的持有者，他相信社会进步的可能和优点，但不相信它的必然性。[2] 但是密尔所奠定的现代自由主义传统却带出了韦伯所言的那个现代性的核心问题，即"世界的祛魅"和现代化的工具合理性。无论是边沁还是密尔，他们都为自由主义由古典转向现代奠定了思想基础。如果说自由主义正是建构在世俗且牢靠的基础上的话，这世俗便拜边沁所赐，[3] 稳靠则在密尔那里得到了最全面的论证。[4] 从这个意义上讲，将功利主义看作自由主义的成熟也不无道理。[5]

三、工具理性与权利话语的"世俗牢靠"根基

边沁"基于幸福的功利"何以流于低俗的"绑架幸福的功利"？密尔本欲用自由培养个人的"成熟心智"和"优越的心灵"矫正边沁的"功利的幸福观"，并实

[1] [英] 约翰·格雷：《自由主义》，曹海军、刘训练译，吉林人民出版社 2005 年版，第 146—147 页。
[2] Leo Strauss, Joseph Cropsey(ed.), *History of Political Philosophy,* Rand McNally, 1972, p.935.
[3] 将人性视为一部加减机器；境界有限的幸福观；未能提出一套能吸引更精细感受的人生目的以及过于自信的想法，说大多数人如果好好想想，将会明白其成本会计式的改革能增加他们的幸福。上述几项或许正是边沁主义的缺点。但是同时，边沁主义的强大力量可能来自边沁主义理论并不好高骛远。由于坚持知道什么才做什么以及只做它认为它能测量的东西，边沁主义虽深刻不足，却清晰有余。其说服力寓于不要求其追随者们相信太多东西。边沁之所以认为幸福的追求是唯一有意义的行动，乃是因为他相信，最好的一种理论，是要求我们做最少假定，并根据这假定去建设的理论。J.S. McClelland, *A History of Western Political Thought,* Routledge, 1996, p.507.
[4] 密尔的《论自由》和《代议制政府》（1860）的出版基本在观念上解决了自由的价值问题和制度问题，剩下的不过是付诸实践。因此密尔之后的一百多年，西方政治哲学死气沉沉，了无建树。
[5] 麦克里兰（McClelland）所著的《西方政治思想史》（*A History of Western Political Thought*）便将边沁与密尔一章看作自由主义的成熟。J.S. McClelland, *A History of Western Political Thought*, Routledge, 1996, chapter 20.

现其所欲之幸福的考量，何以却奠定了自由主义权利话语的"世俗牢靠"根基？这一问题与功利主义秉承的实证传统相关，而科学实证主义的盛行，必然导致与两人初衷截然相反的那个结果。简言之，这一过程可以被概括为：科学实证主义的盛行造成了"工具理性"的胜出，工具理性的宰制导致了"诸神之争"的乱象，而技术化的自由主义以"消极自由"和"价值多元主义"之名合理化了这种"诸神之争"，进而以一种浅白的"权利优先于善"的话语体系，挤占了"价值合理性"存在的空间，并排斥了对永恒价值（价值一元主义）思考的可能。于是幸福在这个技术化了的现代自由主义话语建构的世界里，最合乎逻辑的、合理化的寄托只能是延续那个政治享乐主义的传统，从而使我们今天生活在了一个政治消费主义的时代，权利话语也因此变成了穷途末路的政治言辞。

韦伯的"合理化"与"祛魅"是我们关注西方文明独特演化过程，并致力于对其进行梳理和解释的两个核心概念。两者关联紧密，恰如一枚硬币之两面。[1]

通过对"合理化"概念的分析，韦伯向我们揭示现代人正处在一个由工具合理性所打造的"理性的牢笼"之中。而在这个经由"合理化"祛魅的现代世界中，"专家没有灵魂，纵欲者没有心肝"，"工具合理性"日益增长的霸权，并没有带来理性的胜利和预期的自由，而毋宁是人类社会的异化与工具理性的泛滥。[2] 与此同时，破坏传统世界观基础之不可避免的现代化过程在带来世界"祛魅"的同时，也将我们置于虚无之中，我们必须选择我们决定追逐的"神或魔"。[3] 由此，我们便处在了一个"诸神之争"的时代，而这同时也是一个意义丧失的时代。要为这一困境承担责任的，除了在合理化驱动下的资本主义商业文明所必然选择的那个"道德上迟钝"

---

[1] Michael Harry Lessnoff, *Political Philosophers of Twentieth Century*, Blackwell Publishers, 1999, p.13.

[2] 在《新教伦理与资本主义精神》一书的结尾，韦伯这样写道，资本主义已经成为一个"铁笼"，其中，"物质商品获得了……对人的生命的无情权力"。这一斥责包含着两个要点：第一，个人自由的丧失（大多数人现在别无选择，只能在资本主义"无情的"统治下生活，作为一架追逐最大利润的机器上的零件而工作）；第二，物欲至上的（或经济的）价值接近全面获胜。韦伯本人从未停止过对作为一种生命哲学的享乐主义或功利主义（最大限度的快乐、幸福或需求满足）——今天也许会被称为"消费主义"——加以嘲弄。这种生活在韦伯看来毫无意义。吊诡的是，在韦伯眼中，由天职观和禁欲主义所推动的发展，竟然以物欲至上的享乐主义大获全胜而达到顶峰。参见 [德] 马克思·韦伯：《新教伦理与资本主义精神》（修订版），于晓、陈维纲等译，陕西师范大学出版社 2006 年版，第 88—106 页；Michael Harry Lessnoff, *Political Philosophers of Twentieth Century*, Blackwell Publishers, 1999, p.17.

[3] Richard J.Bernstein(ed.), *Habermas and Modernity*, Cambridge Press,1985,pp.1-31.

的科学实证主义，[1] 还有与之匹配的"权利优先于善"的，倡导相对主义和价值多元论的"宽容"的自由主义理念。

就第一点而言，西方各项社会制度的合理化，其实是个祸福参半的现象。财富和效率上的巨大收益，被重大的代价所抵消。但是除了制度的合理化，还有智力的合理化。在现代科学中达到顶点的理智的合理化，毁灭了对宗教伦理的信仰。合理的人类知识从原则上说只限于可观察的事实和逻辑推理，在一个被如此理解的宇宙里，没有不可见的上帝或众神的容身之地。要么信仰上帝，要么信仰理性，两者很难兼容，在上帝已死的情况下，信仰变成了个人的事情。在道德情感上不存在普遍的人类共识，没有客观价值，只有主观的和相互冲突的价值判断。[2] 社会科学（包括其中的政治学），没有能力解决令人类困惑、"棘手"的价值问题。在以经验理性为基础的社会科学范围内，原则上没有不可解决的问题。但社会科学方法的经验性质，注定了它无法触及人类生活的价值目的及其正确与否的问题。[3]

韦伯之后，法兰克福学派继续对科学实证主义展开了猛烈的批判。在马尔库塞看来，实证主义的社会科学既肤浅又无批判精神。按照这种实证主义和工具论的理性观，唯一真实的合理性就是把手段有效地用于目的，而这些目的是处在合理判断的范围之外的，因此也无从判断它们是合理还是不合理。马尔库塞将这种工具合理性称为"技术统治的"理性，并对之提出了强烈的批判。这种将自然科学看作控制自然之工具的实证科学本身，不仅能控制自然，也能控制人。而这种控制，在一个丰裕的资本主义社会，便会以经济富足作为贿赂，诱使人们放弃自由。但这种贿赂

---

[1] "道德上的迟钝是科学分析的必要条件"，施特劳斯如此断言。刘小枫：《刺猬的温顺——伯林和施特劳斯》，载萌萌主编：《启示与理性：从苏格拉底、尼采到施特劳斯》，中国社会科学出版社2001年版，第15页。对此，施特劳斯在《自然正当与历史》一书中，另有一段精彩阐发："对于任何我们可能选择之目标的达致手段而言，我们的社会科学或许能让我们睿智或聪明。可是它承认不能帮助我们分辨目标的合法与非法、正义与不义。这样的科学是工具性的，且只能是工具性的：它生来就是现有的任何权力或利益的仆从。如果我们的社会科学偏爱宽宏大量的自由主义并不胜过其偏好理论的一致性的话，即在给予暴君和自由民众建议时能有同样的称职与敏锐（只有上帝才知道为什么要如此），那么马基雅维里在明面上所做的，就是他在实际中可能做的。" Leo Strauss, *Natural Right and History,* The University of Chicago Press, 1953, p.4.

[2] Michael Harry Lessnoff, *Political Philosophers of Twentieth Century*, Blackwell Publishers, 1999, pp.21-23.

[3] 刘小枫：《刺猬的温顺——伯林和施特劳斯》，载萌萌主编：《启示与理性：从苏格拉底、尼采到施特劳斯》，中国社会科学出版社2001年版，第7—8页。

是一种"虚假的贿赂"。资本主义的富足并不满足真正的需要，而是迎合一些自己创造出来的虚假的并且又可以掩饰其虚假性的所谓的需要，而处于这一社会中的人们，受消费主义的侵蚀，变得低能、盲目而奴性十足。[1]

而自由主义及其权利话语与这一"合理化—祛魅—意义世界的丧失—消费主义的侵蚀—人的异化"之间又有怎样的关系呢？对此，施米特的洞见颇为深刻：

> 自由主义为了避免血腥冲突的人类自然状态，提出了价值中立的政治观，把保存个人性命和财富（自然权利）视为最高的道德，乞求靠多元价值的自主性文化和中立化的政治来避免人类自然冲突的恶，放弃了对"好的"政治制度的关切。[2]

"价值中立"就是用"技术"取代传统的道德判断，彻底放弃了对什么是正义，什么是善的关切。问题在于，技术只是看起来中立，技术是为人类服务的，而在缺少了价值关切的技术面前，最终胜出的必然是工具合理性。在启蒙时代的哲人心中，工具理性与价值理性原本是统一的。[3] 然而，随着工具理性的快速增长，现代文明的阴暗面陆续浮现，"人与人之间除了赤裸裸的利害关系，除了冷酷的现金交易之外，再也没有任何别的关系。它把宗教的热忱、侠义的血性、儿女的深情，都淹没于锱铢必较的冰水之中"。基于其在完成事功过程中无可置辩的优越性，工具理性正在为现代社会打造一个韦伯所谓的"理性的牢笼"，这种理性化的潜在逻辑，是加强支配与压迫的逻辑。自然的支配变成了人对人的支配，而且最终会堕入自我支配的噩梦之中。[4]

---

[1] Michael Harry Lessnoff, *Political Philosophers of Twentieth Century*, Blackwell Publishers, 1999, pp. 44-47.

[2] 刘小枫：《刺猬的温顺——伯林和施特劳斯》，载萌萌主编：《启示与理性：从苏格拉底、尼采到施特劳斯》，中国社会科学出版社 2001 年版，第 46—47 页。

[3] 历史上，自由主义对"善"这一特定概念有着一种强烈的道德责任感，而不像当代许多自由主义者持中立立场或以权利为基点。这一传统的自由主义观念将一种对人类发展的完美主义叙述和对社会进步的坚定信念联系在一起。而自由主义随后在欧陆的发展，使得大陆理论家不得不用更现实主义的话语对其进行重新思考。参见 Richard Bellamy, *Rethinking Liberalism, Pinter*, 2000, Introduction, p.x.

[4] 张德胜：《儒家思想与工具理性：中庸之道的社会学分析》，载陈来、甘阳主编：《孔子与当代中国》，生活·读书·新知三联书店 2008 年版，第 61—62 页。

果如是，具有单向和独白特征的工具理性很有可能将自由之人的选择引向福柯所谓的"权力"而非"权利"，"统治"而非"正义"。如果说福柯的论断过于悲观，那么以"宽容"姿态自诩的自由主义至少在一定程度上回避了对善与权利之优序问题的进一步追问，而这也使得其"宽容"无法导出其所意欲的每个自由之人所理解的幸福，而毋宁是堕落的自由，其试图摆脱一切道德纷争，主张一视同仁地尊重所有宗教、种族、性别和历史文化传统，最终却可能使得他们都失去了意义，变成可有可无的东西。

四、小　结

自 18 世纪以来，功利主义开始垄断了西方伦理、政治、经济及法律等领域的思想，一跃成为了整个时代不言而喻的背景。然而，正如上文所述，功利主义这种"目的"（即最大多数人的最大幸福）优先的理论与"权利"优先的自然权利理论产生了难以调和的深刻矛盾。

这一点不仅在直白的边沁那里表现得淋漓尽致，[1] 即便在暧昧的密尔的理论体系中，其对自由的强调也最终服务于具有最高层次的普遍的道德原则，即其所意欲的幸福。密尔的理论可以被看作一种"整全性的道德理论"。[2] 其对道德规范的概念和判断可以分为三个层次，处于最高层次的是一种普遍的或最高的道德原则，即功利主义的"最大多数人的最大幸福"原则；处于第二个层次的是涉及一般的道德权利和义务规范的道德准则，它们与最高的道德原则有着直接的关系；处于第三层次的是对特定行为的正确和错误、公正与不公正的直接判断，它所依据的正是一般的道德权利和义务。[3] 尽管密尔认为承认功利原则为第一原理并不必然排斥"中间通则"或"次级原理"，亦即人类长久以来形成的道德律。但其对自由权利的强调，所指

---

[1]　边沁对自然权利理论的批判尤其体现在他对美国独立宣言和法国人权宣言的回应中。在回应美国人权宣言时他指出："如果追求幸福是一项不可让渡的权利的话，为什么小偷被禁止不准以偷窃来追求他的幸福，谋杀者不准以谋杀、反叛者不准以反叛来作为追求幸福的方法……？"而在回应法国人权宣言时，边沁在《无政府的谬误》一文中指出，自然权利这种理论一方面是没有意义的，另一方面又带有危险的无政府倾向，它对于好的及坏的政府同样地构成危害，它不仅是没有意义，同时是无意义之极。参见石元康：《当代自由主义理论》，联经出版事业公司 1996 年版，第 28 页。

[2]　石元康：《当代自由主义理论》，联经出版事业公司 1996 年版，第 162 页。

[3]　余涌：《道德权利研究》，中央编译出版社 2001 年版，第 163—164 页。

向的仍然是心智成熟所导引的对幸福的实现这一终极目的。[1]但这种将价值赋予行为的结果或后果的"目的论"的功利主义，却成为了当代自由主义者批判的对象，而他们所秉承的是一种源自康德的"义务论"。本书的第四章将对当代自由主义者的上述观点做进一步的分析。

---

[1] 对此，密尔不仅主张快乐有量与质的区别，主张政府除了要促进最大多数人的最大快乐，还兼有教育和引导之责，以使公民能以成熟的心智实现自己的幸福。甚至允许政府在不妨碍绝大多数人的最大利益的同时，对个人的自由进行适当的限制。参见俞可平：《社群主义》，中国社会科学出版社1998年版，第10—12页。这些无不说明了在密尔的理论体系中，权利最终是服务于幸福这一终极目的的。

第四章　权利优先于善与美好生活的成熟

康德开启了对功利主义最强有力的批判。他认为，对自由和权利的纯粹工具性辩护不仅弱化了权利的根基，也势必颠覆对人之尊严的尊重。功利主义在某些情况下可能导致以公众的普遍福利而牺牲正义，而如果无法保证正义的首要性，则可能导致社会不公甚至强权统治。因此，"独立于其他外在干预"的个人自由是"唯一的、根本性的权利"（the sole original right），是人之为人的关键所在。追求幸福的欲望必须永远处于"人是目的"的道德法则支配之下。[1]当代自由主义者正是秉承康德的"道义论"而将自己的理论建立在权利之上。

在他们中间，最有影响者当属罗尔斯、德沃金和诺齐克。尽管三人的观点不无分歧，但在如下问题上却是高度一致的：第一，他们都旗帜鲜明地反对功利主义；第二，他们都主张"权利优先于善"，也都接受现代社会的价值多元主义和个人的价值主观主义；第三，他们都秉承了源自康德的"人是目的"的原则，并将之与霍布斯所开启的政治享乐主义传统结合起来，尽可能回避对价值多元主义弊病的探讨，而将焦点汇聚在物质利益层面的平等分配上。进言之，三人的理论都"强调个人权利压倒一切的优先性，把个人权利而不是功利作为分析问题的出发点"[2]。他们都主张应当以权利原则代替功利原则作为自由主义的道德哲学、政治哲学与法哲学的基础。因此他们的理论都可被称作一种"权利优先的理论"（primacy-of-right theory）

---

[1]　Immanuel Kant, "Groundwork of The Metaphysics of Morals," Mary J. Gregor (trans &ed), *Practical Philosophy*, Cambridge University Press, 1999, p.63; Immanuel Kant, "Perpetual Peace," H. S. Reiss(ed), *Kant's Political Writings*, Cambridge University Press, 1970, p.125.

[2]　俞可平：《社群主义》，中国社会科学出版社 2005 年版，第 23 页。

或"基于权利的理论"（rights-based theory）。[1]而有别于功利主义那种奠基于"目的之上的理论"（goal-based theory），他们最根本的一个假设就是，个人有一些自然权利（或称为人权），这种权利是反功利主义的。这意味着，如果违反某个人的权利可以使整个效益增加时，道德上我们也不应该这样做。

在三人所处的时代，世界的祛魅和工具理性的宰制已然成为了不言而喻的背景和讨论政治问题的前提，以人之权利为核心的话语建构已彻底揭开了其原本需要小心谨慎去遮盖的理论伤疤，而将根基建构在了世俗牢靠的基础之上，其所秉承的是"权利优先于善"的原则，认可了个人主观价值领域内的诸神之争，而更多专注于物质领域内的分配正义问题，这在一定程度上要归功于功利主义的"务实"。但受惠于功利主义的当代自由主义却以批判功利主义作为自己理论建构的起始，在他们那里，或者忽略、或者放弃了边沁与密尔幸福观背后的深意。[2]这种理论将如何塑造现代人的美好生活愿景，便是本章要继续讨论的重点。

一、"目的论"与"义务论"

作为当代自由主义的大师级人物，罗尔斯、德沃金和诺齐克都旗帜鲜明地主张"权利优先于善"：

> 每个人都拥有一种建基在公正上的不可侵犯性（inviolability），即使整个社会的福利也不能将它变为无效；
>
> 个人有诸种权利，有些事情没有其他的人或群体是可以对他们做的（而不侵犯到他们的权利）；
>
> 当个人有诸种权利，基于某种理由，一个集体的目标也不构成一个足够的理据据以否定他们作为个体所希望能拥有或去做某些事，或者不构成

---

[1] 应奇：《从自由主义到后自由主义》，生活·读书·新知三联书店 2003 年版，第 2 页。

[2] 在谈到古典功利主义时，罗尔斯选择的这一理论"最清楚"、"最容易理解"的代言人是西季维克，而不是边沁或密尔。而在其对功利主义的总结性论述中，对于边沁和密尔那里所更为关注的分配、满足背后的幸福问题，却几乎没有涉及。而在《一种正义理论》的修订版中，这一现象得以延续。参见 John Rawls, *A Theory of Justice*(Original Edition),The Belknap Press of Harvard University Press, 1971, pp.22-27; John Rawls, *A Theory of Justice*(Revised Edition), The Belknap Press of Harvard University Press, 1999, pp.19-24.

足够的理由去强加于他们身上一些损失或伤害。[1]

他们所主张的"权利优先于善"的理论也被称为"义务论"。所谓"义务论"（deontological），便是一种将伦理价值赋予特定行为或者行为类型的理论；而所谓"目的论"（teleological）则是一种将价值赋予行为的结果或后果的理论。[2] 两种类型的划分涉及对"正当"（right）与"善"（good）这两个伦理学主要概念的定义以及对二者内在联系的表述。概括而言，"正当"是一种依据法律和规则而产生的"道德义务"（morally obligatory），而"善"则是值得拥有或从事的，能够实现美好生活的东西。[3] "正当"因此与法律和规则相关，而"善"则与目的和目标相连。"目的论"主张把正当放在一边，先独立定义善，然后将正当定义为最大限度地促进善。当然，最大限度指的是在个人或制度可能实现的情况下的行为方式。因此，"目的论"理论认为善优先于正当。"义务论"则相反，它坚持正当的优先性和不可还原性：一个行为本身就具有内在的道德价值，不管它是否导致可欲的或最佳的后果。[4]

进言之，主张"善优先于正当"是一种目的论式的伦理学，而主张"正当优先于善"则是一种义务论式的伦理学。目的论最主要的代表是功利主义，而义务论则主要源自康德。更具体地说，目的论主张一个行为的对错，完全决定在该行为所实现的目的或结果。为此，我们不妨确定某种（或几种）最根本之"善"作为最高或最终的价值，并以此规范我们的行为，再确定何者为正当，何者为不正当。功利主义就是这样一种目的论观点，它首先把"善"定义为功利，然后再把"正当"定义为能够最大限度地增加"善"（功利）的东西。这样，"善"便优先于"正当"，而"正当"则依赖于"善"来确定。义务论则认为评估行为的对错，不是完全由行为所造成的结果决定，而是由行为本身所具有的特点决定。善恶的价值判断最终要归结为行为的正当与否，而行为的正当与否，则要视该行为本身所固有的特性或者行为准则的性质而定。康德的"你应当遵守诺言"所指示的行为准则就是一种可普遍化，以人为目的和自我立法的准则，因而就构成对人的一种绝对的道德命令，而不管守诺所

---

[1]　石元康：《当代自由主义理论》，联经出版事业公司 1996 年版，第 28—29 页。

[2]　陈炼：《伦理学关键词》，北京师范大学出版社 2007 年版，第 32 页。

[3]　Charles Larmore, "Right and Good", Edward Craig (ed), *The Short Routledge Encyclopedia of Philosophy*, Routledge, 2005, p.907.

[4]　陈炼：《伦理学关键词》，北京师范大学出版社 2007 年版，第 32 页。

带来好或坏的结果。在此，"正当"是优先于"善"的，而不依赖于"善"来确定。[1]

虽然罗尔斯、德沃金和诺齐克都主张"权利优先于善"的"义务论"，但他们在具体的思想倾向上又有不同。罗尔斯和德沃金支持将公民自由和一定的社会经济权利相联系，其自由主义左翼的思想倾向也被称为"平等的自由主义者"（egalitarian liberals），他们认为放任经济会摧毁实质意义上的个体自由。[2] 而诺齐克则捍卫市场经济，认为再分配政策侵犯了人们的权利，支持将公民自由与严格的私有财产权相联系，其右翼主张也常被称为"绝对自由主义者"（liberatarianists）。

尽管罗尔斯、德沃金、诺齐克三人的权利理论存有分歧甚或针锋相对，但他们其实都试图建立一个社会基本结构或者证立某种原则的至上地位，并据此引导人们自由地实现他们所欲的人生。但是很难说缺少了好坏之价值准则引导的人生，除了物欲的丰裕之外，是否还能够成为有意义的理想的人生。因此，无论是罗尔斯、德沃金还是诺齐克，他们所致力解决的问题就都蜕化为价值（善）无涉的资源分配问题。[3] 罗尔斯和德沃金试图论证某种平等的、符合道德标准的分配方案，而诺齐克则试图解释不平等背后的某种合理性。三人理论的一个共同的核心之处便在于对资源分配背后的自由限度问题的探讨。从这个意义上说，罗尔斯对功利主义的目的论的批判甚至可以称为一种倒退，后者在某种意义上并没有放弃对"优越情感"的追求（这一点在密尔处体现得尤为明显）。而当代自由主义专注于"基于权利的理论"，已经放弃了对何为美好生活这一问题发表明确的观点。下面，笔者将更为具体地进入他们的思想来讨论这一问题。

---

[1] 林火旺：《伦理学》，台北五南图书1999年版，第20页；何怀宏：《底线伦理》，辽宁人民出版社1998年版，第20—21页。

[2] "当17世纪末自由主义开始形成时，它在政治上的主张（保障民权、政教分离、立宪政府、分权制衡等）与经济上的主张（尊重财产与市场机能）可以携手并进，毫无扞格之虞。然而经过19世纪社会主义思潮的刺激，越来越多的自由主义者开始怀疑放任经济是否会摧毁了个体自由的实质。"江宜桦：《自由主义哲学传统之回顾》，载王焱等编：《自由主义与当代世界》，生活·读书·新知三联书店2000年版，第14页。

[3] 何怀宏在为他翻译的《正义论》所做的序言中，对罗尔斯及其正义理论所关注的问题有这样的一句总结："他是作为一个伦理学家从道德的角度来研究社会的基本结构的，即研究社会基本结构在分配基本的权利和义务、决定社会合理的利益或负担之划分方面的正义问题。"[美]约翰·罗尔斯：《正义论》，何怀宏、何包钢、廖申白译，中国社会科学出版社1988年版，译者前言第2页。而德沃金和诺齐克随后的论述也基本都围绕着这一中心问题展开。

二、罗尔斯正义理论的得与失

在罗尔斯看来，目的论有许多表现形式，快乐主义、至善主义和功利主义都属于目的论。[1]功利主义便是一种将幸福看作支配性目的的学说，但罗尔斯指出，幸福蕴含了目的，但它本身并不是目的。[2]在罗尔斯的理论中，更具根本性地位的是一种公正的社会结构，而善的实现则必须寄托其上。一个公正的社会结构是其他价值实现的必要条件，如果没有它，人们便会处在霍布斯式的自然状态中，其他的人生价值也很难有实现的机会：

> 凡是正义的社会体系中，都界定每个人在发展其目标时的范围，并且提供了一个由权利、机会以及满足欲望的手段所形成的架构，在此架构的范围内（而且藉由该架构），每个人都站在平等的基础上追求自己的目标。正义之所有享有优先性，部分原因在于，那些需要我们违背正义才能实现的利益，根本就没有价值。[3]

在这个意义上，罗尔斯的理论可以被看作一种"义务论式的自由主义"（deontological liberalism），其所秉承的原则是正当（权利）优先于善。这种优先不仅具有道德意义，也具有基础性的意义。所谓道德意义上的正当优先于善是指，公正的价值要高于其他价值，任何人的某一项欲望的满足，如果与公正原则有冲突时，满足这个欲望所获得的价值就不被承认；而所谓基础性的意义则是指，正当乃是独立于善而被定义或建构起来的。[4]罗尔斯的正当（权利）优先于善的理论是一种作为公平的正义的理论。在他看来，政治哲学的目的不再是追求真理，而是在一个价值多元的社会中寻求"重叠共识"（overlapping consensus）。他的作为公平的正义理

[1]　John Rawls, *A Theory of Justice*, The Belknap Press of Harvard University Press, 1971, p.24.

[2]　John Rawls, *A Theory of Justice* (Original Edition), The Belknap Press of Harvard University Press, 1971, pp.550-551.

[3]　John Rawls, *A Theory of Justice* (Revised Edition), The Belknap Press of Harvard University Press, 1999, p.28.

[4]　有关罗尔斯义务论自由主义的论述及其正当优先于善的道德意义和基础性意义的内容，参见石元康：《当代自由主义理论》，联经出版事业公司1996年版，第150—151页。需要指出的是原文中的"right"被译为"对"，而"good"被译为"价值"，而本书随更普遍的译法将"right"称为"正当"，"good"称为"善"。

论因此也不再是一种整全式的普遍性的理论，而是一种一般性的针对特定社会的理论。[1]罗尔斯的这种转变使他的理论打上了深深的现代社会的烙印，或者说罗尔斯放弃了在康德和密尔那里曾经保有的道德自由主义的立场，[2]那种仍然怀有的对传统哲学追求普遍性及真理的向往，而更加务实地将政治秩序看作一种人为的创造，而不再是于自然秩序中所发现的那种统摄在共同的价值观、人生观、宇宙观之上的客观的、独立于人而存在的政治共同体：

> 在现代民主社会中，不同甚至不可共约的人生观、宇宙观即价值观是一项不可能消失掉的事实。这也就是所谓的多元主义。在一个多元主义的社会中，我们无法指出哪一种价值观是较高的。接受某一种人生观及宇宙观的人，无法用理性的办法证明自己的价值观所代表的才是真理，因为，自由主义最根本的一个信念就是价值的主观主义。由于这个对于价值的看法，它必然地会引导到价值命题是没有真假可言的这个立场。但是，某种方式的统一却是构成任何社会所不可或缺的条件；如果一群人不接受任何的共同标准，则它也就不能构成社会。古代社会的统一性是建立在大家有一个共同的价值体系及人生观、宇宙观之上的。由于价值的主观主义，现代的自由主义者们认为古代的那种统一已经不可能，因此，我们必须找另外一个统一的基础，这个基础就是一个公正的思想体系。只要大家都接受共同的公正原则，那么虽然人们拥有不同的价值观，他们仍然可以共处在一个社会中。这就是自由主义对于伦理学中的两个最重要的概念——对（right）与价值（good）——的

---

[1] 在《一种正义理论》中，罗尔斯认为他的正义原则及理论是对于所有的社会及所有的时代都有效的，我们可以利用它的原则来评断任何社会的公正性，一个社会的基本结构如果越符合罗尔斯所提出来的两个正义原则，则它就越公正，反之它就越不公正。因为正义原则具有普遍的有效性，所以它也拥有客观性。由于正义原则有客观性，因此，政治哲学的目的是追求真理。而自1980年以来，罗尔斯就放弃了对正义原则作普遍性的要求，而认为政治哲学的目的要视乎其所针对的社会而定，作为公平的正义理论便是其针对立宪民主社会所提出的一个正义理论。在此，罗尔斯改变了他对于正义原则的客观性的看法，而认为政治哲学的目的不再是追求真理，而是在价值多元的社会中，于公共领域中寻求一种"重叠共识"。这标志着罗尔斯的正义理论由普遍主义转为特殊主义以及由对真理的追求转为对"重叠共识"的追求的改变。参见石元康：《当代自由主义理论》，联经出版事业公司1996年版，第142—146页。

[2] 康德所提倡的自律（autonomy）以及密尔所提倡的个体性（individuality），都牵涉了人生的价值及理想问题；而罗尔斯的政治自由主义则并不讨论人生的价值及理想等道德哲学的问题。参见石元康：《当代自由主义理论》，联经出版事业公司1996年版，第153页。

区分。前者是大家必须有共识的,而对于后者,他们允许人们有分歧的看法。[1]

这样,基于现代社会价值多元的现实和个人在价值主观主义上的不可通约性,为达致一个政治层面的统一基础,罗尔斯选择了"权利优先于善",以回避及宽容的原则对待私人领域之中的诸神之争,而只试图在公共领域中寻求"重叠共识"来作为社会整合的资源。

如果说,对公正的社会基本结构的强调是罗尔斯正义理论的最大亮点的话,这一理论的缺憾则在于"脱离情境的自我"及其"工具理性"。

罗尔斯的正义理论是一种基于个人(自我)权利的理论,无论是原初状态还是无知之幕的设定,都是为了保证个人的选择自由。只不过罗尔斯为这种选择自由设定了一个最终答案,即他的正义两原则以及奠基于此的社会的基本结构。理由也很简单,因为只有这样一个符合正义原则的社会基本结构才能指导我们这个社会对权利与义务进行合理的分配。罗尔斯不同于传统契约论者之处在于他为自己的契约理论设定了更高的目标,即契约的内容并非建立一个政府而是一组道德原则。[2]这组道德原则实现的关键便是罗尔斯通过原初状态和无知之幕所试图勾勒出的那些理性的、利己的"自我"们,这些人将保证在缔约过程中选择罗尔斯的两个正义原则。可以说,罗尔斯契约理论的关键便是这样一些"自我"的理性选择,而"原初状态"的整个设计(中等匮乏、相互冷淡和无知之幕)则是为了确保"选择"的结果,即正义的两个原则。

在此,理性扮演了最核心的角色,而罗尔斯正义理论中的理性是一种现代社会的典型的工具理性:

> 理性这个概念必须被给予尽量狭隘的解释,这个解释就是采取最有效的手段以达到既定的目的。这个解释是经济理论中标准的解释……我们必须尝试着避免引入任何有争议性的伦理因素。[3]

然而,工具理性蕴含着价值的决策主义,而决策主义的价值观必然导致价值的

---

[1] 石元康:《当代自由主义理论》,联经出版事业公司 1996 年版,第 148 页。

[2] 石元康:《当代自由主义理论》,联经出版事业公司 1996 年版,第 113 页。

[3] John Rawls, *A Theory of Justice*, The Belknap Press of Harvard University Press, 1971(original edition), p.14.

最终选择是每个人主观爱好的表现，而不再具有理性的基础，从而成为一种价值上的主观主义。[1] 而在权利优先于善的理论预设中，我们将不能依据某种善对各种主观性价值进行判断，于是多元价值的没有优劣之分的共存便成为现代社会的一个重要的事实，这便是韦伯所言的现代人被置于虚无之中，而无以决定其所追逐的是神还是魔。缺少了善的指引和判准，这种价值上的主观主义在逻辑上必然导致价值相对主义乃至虚无主义，而自由主义所倡导的宽容与回避无疑又加深了这一现代性的多元价值良莠不齐的共存危机。"缺少善的指引—意义世界的丧失—工具理性的宰制—神魔共舞的现代社会"，因此构成了一条环环相扣的逻辑链条，而在这根链条的另一端，则是一个完全脱离境域的，非历史非社会的"自我"。

罗尔斯义务论式的自由主义含有一种"脱离境域的自我观"（unsituated self）。这种看法认为自我并不由它的目的、目标、欲望等构成，而是完全可以脱离它的目的、目标而独立存在。自我只是一种选择的能力，这种自我是一种"选择的自我"[2]（choosing self）。但是这种非境域的自我与我们的道德经验极不相符，它使处在原初状态中的立约者完全是非历史的和非社会的，而任何非历史的和非社会的存在都是虚幻的。罗尔斯以为这样可以保持一个客观的出发点，但实际上他对立约者们的描述，本身已经带有自由主义及个人主义式的现代人的偏见了。这种个人主义式的对人的了解，以为人是先于社会存在的，但事实上人只有在社会中才能完成个人化。这种完全脱离境域的自我是否能作为建立道德理论的出发点，本身是颇具疑问的。[3] 换言之，这样的"自我"被无知之幕过滤掉了自己的信仰、兴趣、能力、性别等，他甚至都不知道自己是谁。这种完全脱离境域的自我难以作为建立道德理论的出发点。[4]

或许在其处于无知之幕背后时，基于利己之心和工具理性的权衡，立约者会推导出罗尔斯的正义两原则。但是，一旦揭开无知之幕，又有谁能保证清楚了自身状况的立约者们不会基于利己之心和工具理性的权衡再次撕毁原先的那份契约而选择弱肉强食呢？在后一种意义上，所谓的"重叠共识"很可能只是霍布斯式的暂

---

[1] 由工具理性到价值决策主义，再到价值主观主义的逻辑演变，参见石元康：《当代自由主义理论》，联经出版事业公司 1996 年版，第 164—166 页。

[2] Michael Sandel, *Liberalism and the Limits of Justice*, Cambridge University Press, 1982, pp.19-21, pp.42-59.

[3] 石元康：《当代自由主义理论》，联经出版事业公司 1996 年版，第 158 页。

[4] 甘阳：《政治哲人施特劳斯：古典保守主义政治哲学的复兴》，载 [美] 列奥·施特劳斯：《自然权利与历史》，生活·读书·新知三联书店 2003 年版，第 51—52 页。

时妥协，而其所依据的或许只是利益的权衡，而与所谓的道德无甚联系。这便是罗尔斯理论的吊诡之处，一种基于权利的道德理论最终可能蜕化为一种基于利益权衡的暂时妥协。

三、德沃金的"自由式的平等"理想

德沃金是一位十分少见的，以法学家身份跻身当代西方哲学家行列的杰出人物。德沃金的理论具有很强的现实感，其观点大都是针对美国现实问题的敏锐回应。他的基于权利的理论被称为一种"普遍的权利理论"（general theory of right）。[1] 其核心在于对强势意义上权利概念的强调和对自由主义式的平等所做的别具一格的诠释。

就强势意义上的权利概念而言，它既是对 20 世纪 60 年代风起云涌的民权运动的反思与回应，也与德沃金对法律实证主义和功利主义的批判立场相关。德沃金是这样描述他所谓的强势意义上的权利的：

> 在大部分情况下，当我们说某人有权利去做某件事时，我们所蕴含着的是，干涉他去做那件事情将是不对的，或者，起码我们要提出特别的理据才能去做任何干涉；[2]
>
> 假如某人有权利去做某件事的话，则如果政府不让他去做那件事将是不对的，即使政府这样做是合乎普遍的利益。[3]

在德沃金看来，"主导理论（ruling theory）的缺陷在于它拒绝了如下的观念，即个人可以享有反对国家的权利，而且这种权利还优先于立法所创造的其他权利"[4]。这里的"主导理论"便是当代英美社会中占支配地位的法律实证主义和功利主义思潮，而德沃金正是要为干涸已久的法律权利领地带去道德权利的雨露，并为屡被集体目标所忽略的个人权利正名。德沃金认为，"个人权利是个人所掌握的政治王牌（political trumps）"[5]。他的这种"以权利为王牌"（rights as trumps）的强势意义上的权利立

---

[1]　Ronald Dworkin, *Taking Rights Seriously*, Harvard University Press, 1977, p.xiv.

[2]　Ronald Dworkin, *Taking Rights Seriously*, Harvard University Press, 1977, p.188.

[3]　Ronald Dworkin, *Taking Rights Seriously*, Harvard University Press, 1977, p.269.

[4]　Ronald Dworkin, *Taking Rights Seriously*, Harvard University Press, 1977, p.xi.

[5]　Ronald Dworkin, *Taking Rights Seriously*, Harvard University Press, 1977, p.xi.

场，不仅可以为民权运动中的各种权利的主张者们提供道德理据，也可以对法律实证主义者拘泥于法定权利提出批评，而且还可以抗衡功利主义者以集体目标牺牲个人权利的论说。

德沃金自由主义式的平等理论体现了自由与平等这两个相互竞争，有时甚至是互不相容的政治理想之间的张力。这种张力一方面源自保守主义阵营和社会主义阵营的思想纷争，另一方面源自自由主义福利国家的政治实践。保守主义在自由与平等这两个理想中更偏向自由，为了自由，它愿意牺牲平等；而社会主义的立场则正好相反，为了平等，愿意牺牲社会中某些人的自由；而自由主义所采取的是中庸立场，比起保守主义，它愿意接受更多的平等，而相对社会主义，它又愿意给予更多的个人自由。[1] 表现在政治实践层面，右翼的自由至上主义者因为相信自由就支持自由市场，左翼的马克思主义者因为相信平等就支持国家计划，而居中的自由主义者相信的则是自由与平等的含混妥协。但是，德沃金却为这一思考提供了更为复杂的方式。在他看来，自由主义者青睐混合经济和福利国家，并非是为了在冲突的理想间寻求妥协，而是为了最大限度地实践平等本身的要求。[2] "自由主义式的平等"意味着政府应该对所有它所统治的人给予同等的关注与尊重，而这也表示人们对于他们的政府有一项权利，即"平等的关怀与尊重的权利"（right to equal concern and respect）。德沃金的"平等的关怀与尊重的权利"是受到他对罗尔斯正义理论的分析的启发而来。在他看来，"平等的关怀与尊重的权利"必须被看作罗尔斯深层理论的根本概念。[3] 基于这一论断，德沃金认为他的理论的核心概念将不是自由而是平等：

> 我的论证的主要概念是平等而不是自由。我假定我们大家都接受下列各项政治道德中的设准。政府对于他所统治的那些人应该具有关注，也就是说，把他们视为是会受苦及受挫折的存在；同时也应该对他们具有尊重，那就是说，把他们视为是有能力构筑他们该如何好好地过自己的人生的想

[1] 石元康：《当代自由主义理论》，联经出版事业公司1996年版，第35页。
[2] [加]威尔·金里卡：《当代政治哲学》，刘莘译，上海三联书店2004年版，第166—167页。
[3] 德沃金认为，在原初状态中，由于人们受到无知之幕的影响，他们不知道自己所属的阶级、社会地位和现实状况，因而他们不可能设计一种只对某些人或阶级有利的社会制度。同时，由于人们不知道他们各自的善的概念是什么，因此他们不可能认定某种概念比其他的概念更高级。在无知之幕的作用下，人们只能选择平等作为他们都认可的最基本权利。这种平等权利就是平等的关怀与尊重的权利。参见 Ronald Dworkin, *Taking Rights Seriously*, Harvard University Press, 1977, pp.179-181.

法，并且能够根据这种想法去行事的存在。政府不仅应该给予人们关注及尊重，而且应该给予同等的关注与尊重。它不应该基于某些人值得更多的关注，因而他们有资格获取更多的东西，而对于有价值的东西及机会做出不平等的分配。它也不应该基于某一个公民认为某一群人的生活方式比另外一群人的生活方式较高贵或优越，而对自由做出限制。这些设准加在一起，说明了什么叫自由主义式的平等概念，但是它们所说的是对于平等的一种想法，而不是对于自由作为特许的一种想法。[1]

"平等的关怀与尊重的权利"是一个政治道德上的公理，所有其他的权利都是从这里推导出来的。如果说自由主义者一般都假定人们有普遍的自由权，那么德沃金想要做的是从他所说的"平等的关怀与尊重的权利"中，推导出各项自由的权利。所谓的"关怀"是指政府应了解人们是可能受苦及受挫折的存在，而所谓的"尊重"是指人们有能力建构自己认为什么是理想的人生，并且按照这种想法去行动的存在。针对"关注"，政府应该做的是尽量地使人们不要受苦和不要受挫折。那么这个"尽量"的限度何在呢？正如前文所说，德沃金所追求的是一种自由式的平等，是自由主义框架内的平等。所以，在其平等的关怀与尊重的权利的逻辑构成中，对权利的尊重其实是居于核心地位的，即在现代社会这样一个价值多元的世界里，政府对于理想之人生所应该保有的中立态度，并尊重每个人的道德地位和内在价值。[2]政府的主要工作不是去教育人民，而是提供人民一个架构或场所，在这个架构中，人们可以自由地去建立及追求他们认为是理想的人生。这是一种典型的"价值主观主义"的立场，有别于古代社会的"价值客观主义"一元论。

为了使"平等的关怀与尊重的权利"能够落实下来，德沃金区分了"平等对待的权利"与"被视为平等对待的权利"（rights to treatment as an equal）。[3]第一种权利意指一种结果上的平等，而第二种权利意指一种实质上的平等，即有权要求将自己与他人视为平等来对待。但是，对于志向不同、禀赋各异的人来说，"被视为平

---

[1]　Ronald Dworkin, *Taking Rights Seriously*, Harvard University Press, 1977, pp.272-273. 转引自石元康：《当代自由主义理论》，联经出版事业公司 1996 年版，第 36 页。

[2]　在这一点上，德沃金和诺齐克是相通的，尽管他们基于同样的原则得出了不同的结论。参见 [加] 威尔·金里卡：《当代政治哲学》，刘莘译，上海三联书店 2004 年版，第 200 页。

[3]　Ronald Dworkin, *Taking Rights Seriously*, Harvard University Press, 1977, p.227；Ronald Dworkin, "Liberalism", *Liberalism and Its Critics*, Michael Sandel (ed.), Basil Blackwell 1984, pp.60-80.

等对待的权利"注定是含糊不清的，因为基于先天差异的存在，"被视为平等对待的权利"必然有时候蕴涵着平等地对待，而有时候则正好相反。但德沃金并没有给我们提供一项准则去判断何时我们将采用前者，而何时采用后者。因此拉兹认为，这种"被视为平等对待的权利"本身很可能变得空泛且无内容。[1] 那么，在德沃金的平等的关怀与尊重的权利中，唯一牢靠的和可以得到落实的便是一种"被平等尊重的权利"。而被尊重实际上等于不被干涉，不被干涉又可推导出自由。因此，"被平等尊重的权利"本身就等于是有自由的权利。[2] 而就自由的限度问题，德沃金不同于诺齐克的自由至上主义，而是试图让一种平等的观念既成为市场自由的依据，又成为限制市场自由的依据。德沃金相信，更一般的平等理念本身就要求这些经济自由。要求自由主义者允许市场经济的那个原则，即要求人们为自己的选择承担责任，也就是要求自由主义者限制市场的那个原则，即它不允许人们因为非选择的境况就遭受不公平的对待。[3] 因此，自由主义的平等主义者一方面强调分配结构的"钝于禀赋"（endowment-insensitive）而"敏于志向"（ambition-sensitive），试图将人们自由地实现自己命运的能力同他们的人生志向与规划更多地联系起来，而不是受制于他们的自然禀赋和社会禀赋；[4] 而另一方面，这种对"敏于志向"的强调，又在一定程度上强化了自由至上主义者对福利国家所谓的"受害者"的谴责。在自由至上主义者那里，后者被更多看作对不负责任者的迁就，而并非是禀赋上的差异所形成的。[5]

　　德沃金权利理论中另一个摇摆不定之处是他对功利主义的态度。他一方面接受功利主义，而另一方面又希望用权利这个"王牌"来限制功利主义。但是，这样一个混合的理论也并非完全不能成立，虽然它会引起一些困难，例如，在什么情形下功利主义的普遍利益可以凌驾在个人权利之上，而在什么情况下后者具有"王牌"的地位，可以否决普遍的利益。我们是否有任何的原则来决定这个问题，或是只能

[1] Joseph Raz, "Professor Dworkin's Theory of Rights", *Political Studies*, 1978 (26), p.129.
[2] 石元康：《当代自由主义理论》，联经出版事业公司 1996 年版，第 48—50 页。
[3] [加] 威尔·金里卡：《当代政治哲学》，刘莘译，上海三联书店 2004 年版，第 167 页。
[4] [加] 威尔·金里卡：《当代政治哲学》，刘莘译，上海三联书店 2004 年版，第 139 页。
[5] 由于强调要"敏于志向"，自由主义的平等主义者也许在不知不觉中强化了使新右派着迷的纲领：识别并惩罚那些懒惰和不负责任的人。按照新右派的说法，福利国家的错误就在于，它为了补贴依赖福利者的不负责任的行为而对富有者的选择加以限制。参见 [加] 威尔·金里卡：《当代政治哲学》，刘莘译，上海三联书店 2004 年版，第 175 页。

在每个不同的境况下依靠我们的直观？这些德沃金都没有回答。[1]其实功利主义和个人权利理论混合起来的最大问题便是功利主义的集体目标与个人权利的基础问题。它们的根据究竟是什么？这两种理论有它不同的根据，两者之间或许并非是不可调和的。功利主义奠基在某一种对于个人认同的看法之上，这种看法是一种"复杂的看法"，而个人权利却是奠基在另一种对个人认同的看法之上，即一种"简单的看法"。当我们将两者同时应用，它的问题只在于什么时候该用什么。[2]但是，这与德沃金的观点不同，德沃金认为功利主义式的集体目标与个人权利都奠基在同一个基础上，即他所谓的"平等的关怀与尊重的权利"这个政治道德中的判准。在德沃金看来，功利主义的集体福利与个人权利不但没有冲突，而且两者在更深一个层面乃是统一的。[3]但是德沃金的理论也有现实存在的困境，那就是集体主义式的功利主义与个人主义式的个人权利理论，两者之间的冲突是不可避免的。自由主义在这个问题上的看法，其实是偏向了个人一边的。

四、诺齐克与罗尔斯的自由平等之争

构成近一百多年来西方社会正义论的主题的是自由与平等这一对矛盾，究竟是不惜牺牲某些人的个人自由权利以达到较大的社会经济平等，还是宁可让某种不平等现象存在也要全面捍卫每个人的自由权利？前一种关怀表现了强烈的平等主义倾向，而后一种关怀则代表了较为彻底的自由主义情结，这便是罗尔斯与诺齐克之争的理论背景和主要焦点所在。在《一种正义的理论》出版后的第三年，诺齐克出版了为其赢得巨大学术声誉的著作《无政府、国家与乌托邦》（*Anarchy, State, and Utopia*）。恰如诺齐克所言："从现在开始，政治哲学家或者在罗尔斯的理论框架内思考问题，或者解释为什么不。"[4]

同为基于权利的理论，诺齐克和罗尔斯的理论基石和论证理路虽迥然相异却又相关。正当优先于善，权利优先于功利是罗尔斯和诺齐克共同的立场。诺齐克不反对罗尔斯的基本自由及其优先性的原则，他们都认为国家在政治上要保障所有人享

[1] 石元康：《当代自由主义理论》，联经出版事业公司 1996 年版，第 54 页。
[2] 石元康：《当代自由主义理论》，联经出版事业公司 1996 年版，第 54 页。
[3] 石元康：《当代自由主义理论》，联经出版事业公司 1996 年版，第 55 页。
[4] Robert Nozick, *Anarchy, State, and Utopia*, Basic Books, 1974, p.183.

有尽量广泛的平等的基本自由，这种保障优先于对社会福利和功利的考量。但在国家满足这一条件之后，是否还能够按照某种社会理想或分配模式，致力于达到一种经济利益分配层面的正义问题上，两人出现了分歧。罗尔斯把权利更多地理解为基本的自由，即言论、信仰、思想、政治、人身及法治规定的自由，而主张将国家功能扩大至分配领域。诺齐克则特别强调对物品和利益的所有权的不可侵犯，故他在一般用"right"（权利）之外，特别用了一个更具经济和法律意味的的词"entitlement"（权利、资格）来强调这方面的权利。[1] 在这个意义上，罗尔斯与诺齐克的争论，主要发生在国家的经济和社会功能层面。两人的对立，实际上是经济领域中强调自由和强调平等的对立。而两人争论的核心也正是经济领域中自由与平等孰更优先的问题。罗尔斯特别关照处境最差的群体，而表现出对平等的偏爱，而诺齐克则毫不含糊地把自由优先、权利至上的原则继续贯彻在社会和经济领域中的利益分配问题上。[2]

究其根源，两人的分歧实际反映了西方自由主义政治哲学的理论演变以及当代自由主义对之做出的两种最具代表性的再阐释：

> 就理论上而言，自由主义的政治哲学，在最初发生时本来是要给自由与平等这两个理念提出理论基础的，但是，经过二三百年的发展，它的主要工作变成了为政治自由及经济上的差异找寻哲学根据。也就是说，自由主义者的理论一方面要证立个体政治自由，而另一方面又要证立经济上的不平等。平等这个理念的范围被限制在政治权利方面，经济上的平等不但不再是自由主义者所追求的，相反的，他们所做的工作，变成了去证立为什么经济上的不平等并非不合理和不公正。[3]

诺齐克的《无政府、国家与乌托邦》一书是这一思潮在当代最精彩的表述之一，而罗尔斯的《一种正义的理论》所试图矫正的也正是这一社会、经济领域内的不平等现象。在罗尔斯看来，个人在言论、信仰、思想、政治、人身等方面的基本权利

---

[1] 何怀宏：《诺齐克与罗尔斯之争——代译序》，载 [美] 罗伯特·诺齐克：《无政府、国家与乌托邦》，何怀宏等译，中国社会科学出版社 1991 年版，第 32—33 页。

[2] 何怀宏：《诺齐克与罗尔斯之争——代译序》，载 [美] 罗伯特·诺齐克：《无政府、国家与乌托邦》，何怀宏等译，中国社会科学出版社 1991 年版，第 13—14 页。

[3] 石元康：《当代自由主义理论》，联经出版事业公司 1996 年版，第 80 页。

是不能以任何名义而牺牲的，但在社会和经济利益的分配领域内，奉行一种最大限度地改善处境最差者地位的"差别原则"却是可欲且可行的，哪怕这可能意味着对某些人在经济利益和财富分配方面的权利的潜在损害和剥夺。概言之，罗尔斯所推崇的是一种政治权利上奉行无差异原则，但经济权利上不允许过度不平等现象的平等观；诺齐克所主张的自由至上主义推崇的是一种更为彻底的自由主义。在自由至上主义者眼中，自由市场本质上是正义的，而通过税收的再分配是对人们权利的侵犯，因此它本质上是错误的。人们有权利自由地处置自己的财产和劳务，即便这种自由无法增进效益，人们仍然拥有这样的自由，而政府也没有干涉市场的权力。在这一点上，自由至上主义者有别于功利主义者，因为在功利主义者眼中，如果可以通过其他途径来增进效用，则对我们财产权利予以限制就是正当的。而自由至上主义者逻辑的延伸也使得他们必然反对在稳定民主、保障人权以及确保机会平等方面都拥有良好记录的福利国家的政治措施，因为自由至上主义者所推崇的守夜人式的国家与福利国家所倡导的政府干预和再分配必然是格格不入的。自由至上主义者还区别于同为右翼的新保守主义者，虽然他们都是撒切尔夫人和里根领导的那场旨在促进自由市场的运动的一个组成部分。自由至上主义在捍卫他们对市场的信奉时，所依据的是一种宽泛的个人自由观，即每个个体都有权自由地决定如何按自己认为最恰当的方式支配自己的能力和财产；而新保守主义者的主要兴趣在于恢复传统价值，加强爱国精神和家庭情感，强调对权威的尊重等。他们对自由市场的强调更多的是因为市场力量可以加强纪律而不是因为其可以提供自由。很显然，新保守主义的逻辑延伸有侵犯权利领地之虞。[1]

在诺齐克看来，上述三种具有自由主义倾向的理论模式都不是他所欲的能够对权利（尤其是对财产权利）进行保护的理想模式。功利主义是在一种目的论的意义上强调自由，并为其所欲的效益最大化服务，福利国家的再分配政策也会导致对个人绝对财产权利的侵犯，而新保守主义必然会反对自由至上主义所倡导的宽容多元的自由主义价值观，进而可能侵害到个人的自主和权利。因此，诺齐克将权利看作一种对任何行为都始终有效的"道德边际约束"（moral side constraints），不管目的、动机如何，任何侵犯个人权利的行为或准则都是不正当的。权利不是作为所有行为趋向的目标，不是要经过各种行为相互平衡之后达到一个不受损害的最小值，而是

---

[1]　［加］威尔·金里卡：《当代政治哲学》，刘莘译，上海三联书店 2004 年版，第 187—190 页。

附着于所有行为之上，对行为本身提出的约束，即在任何行动中都不能违反的一种约束。[1] 可以说，诺齐克的自由至上主义最为看重的唯有权利——一种始终有效的，作为道德边际约束的权利，诺齐克将这种权利的重心放在财产权之上。诺齐克这样做的目的是因为唯有这种绝对意义上的权利才能实现其所倡导的分配的公正理论，并进而实现其所欲的秉承自康德的"人是目的"的平等主义理念。然而，诺齐克从平等待人出发是否可以推导出他所谓的财产所有权呢？亦或者他对财产所有权的推崇备至能否实现其所欲的基于"人是目的"的道德平等观呢？这些问题本身都是存有疑问的，而下文将通过对其理论的进一步梳理尝试给出答案。

诺齐克权利理论的核心是一种作为"道德边际约束"的强有力的个人权利。在其著作的开篇，诺齐克就明确地表达了他的理论要旨："个人拥有权利，有些事情——那些侵犯个人权利的事情——是不能针对个人的，无论是以其他个人还是以集体的名义。"[2] 而"关于行为的边际约束反映了构成其根基的康德式原则，即人是目的而绝不仅仅是手段。未经本人同意，任何人都不能被利用或被牺牲以实现其他的目的，个人是不可侵犯的"[3]。在诺齐克看来，个人不应被当作工具或资源，而毋宁是拥有尊严和个人权利的人。通过尊重我们的权利而尊重我们，也就意味着在拥有同样尊严的他人的自愿合作与帮助下，只要可能，我们就可以按自己的意愿单独地或与他人共同地选择我们自己的生活方式，并实现我们所意欲的人生目标。[4] 诺齐克捍卫个人权利的部分原因是因为它促进着我们按照自己的人生观采取有效行动。正是这种能够形成和追求某种善观念的能力（这样一种多元的善其最终的归属便是虚无），赋予了生活以意义。而正因为我们能够过上有意义的生活，我们才应该被当作我们自身的目的。[5]

从这个角度出发，我们便不难理解诺齐克著作的核心关切，即为国家的成立找

[1] 何怀宏：《诺齐克与罗尔斯之争——代译序》，载 [美] 罗伯特·诺齐克：《无政府、国家与乌托邦》，何怀宏等译，中国社会科学出版社 1991 年版，第 32 页。

[2] Robert Nozick, *Anarchy, State, and Utopia*, Basic Books, 1974, p.ix.

[3] Robert Nozick, *Anarchy, State, and Utopia*, Basic Books, 1974, p.33.

[4] Robert Nozick, *Anarchy, State, and Utopia*, Basic Books, 1974, p.334.

[5] Robert Nozick, *Anarchy, State, and Utopia*, Basic Books, 1974, p.51.

寻理由和根据。[1] 而他之所以将心中的理想国家称为"最低限度的国家"也是因为这样的国家最能够保障其所欲的权利。在国家问题上,诺齐克秉承的是古典自由主义意义上的守夜人式的国家,而自由主义的随后发展,逐渐超出了这个限度。究其根源,在于对分配正义问题的不同理解。实际上,在西方政治思想史上,自古典自由主义以降,关于国家的限度问题就一直是一个争论不休的话题。而当代自由主义者多支持对国家权限的适度扩张,以负责分配公正的问题。因此,除了最低限度的职权之外,国家还必须监管社会资源的分配,以使人们生活在一个相对公正的社会中。为此,政府可以立法防止垄断,提供福利设施,推进累进税等。而在诺齐克眼中,这些以公正作根据而提倡超出最低限度的政府理论,都是错误的公正理论。诺齐克认为,分配公正的问题,并非一个中央统筹机构如何把已有的东西用什么道德或公正原则分发给个人的问题,而是个人根据什么原则能有权利拥有某些东西的问题。在这种取得所有权的过程中,只有个人与个人之间的交易是否违反了道德原则的问题。这样,诺齐克将分配公正的问题转化成了有权拥有的问题,并通过三组原则来处理它们:第一,"有关获取的正义原则"(the principle of justice in acquisition);第二,"有关转让的正义原则"(the principle of justice in transfer);第三,"对不公正占有的矫正原则"(the principle of rectification of injustice in holdings)。[2]

---

[1] 诺齐克的《无政府、国家与乌托邦》共分为三编,第一编探讨无政府状态即"自然状态",探讨国家是否有必要并有可能以不违反个人权利的方式产生,而其结论是最低限度国家的产生,从道德观点来看,是可以被接受的;第二编进一步探讨国家行为的限度,即除了防止暴力、偷窃、欺诈和强制履行契约之外,国家还能够有更多的权限,而其结论是否定的,那些用公正、平等及其他道德理念来支持非最低限度国家的理论是站不住脚的;第三编篇幅较短,主要是阐述为什么最低限度的国家是一种值得我们去奋斗的理想。参见何怀宏:《诺齐克与罗尔斯之争——代译序》,载 [美] 罗伯特·诺齐克:《无政府、国家与乌托邦》,何怀宏等译,中国社会科学出版社 1991 年版,第 3—4 页;石元康:《当代自由主义理论》,联经出版事业公司 1996 年版,第 83 页。

[2] 石元康:《当代自由主义理论》,联经出版事业公司 1996 年版,第 85—87 页。

诺齐克将这一分配公正的理论称为"资格理论"[1]（entitlement theory）。这一理论的关键词一个是"自我所有权"，另一个是"历史的非模式化"的分配。而其所指向的批判对象，正是罗尔斯的"正义理论"。两人虽然都共同秉承了源自康德的"人是目的"的论旨，也都因此反对功利主义，只因其有将人视为手段之虞。而且两人也都同意平等待人需要一些限制性措施，个人因此拥有一个正义社会应该尊重的不屈从于功利计算的权利。但是在"人是目的"的前提下，究竟哪些权利更为重要，却成为了两人的分歧所在。在罗尔斯看来，除了最基本的政治权利之外，最重要的权利之一是拥有某一确定份额的社会资源的权利，而诺齐克则认为，最重要的权利莫过于对于自己的权利，即一种"自我所有权"，并以此出发反对再分配政策对个人所得的干预和调整。[2]

"自我所有权"意味着每个人有资格按照自己认为合适的方式处置自己的财产，只要这种行为不违反公序良俗。事实上诺齐克正是试图以"自我所有权"为前提推导出财产权利，并进而排斥罗尔斯式的自由主义的再分配结构。"自我所有权"因此也就蕴涵着一种"各尽所择，按择所予"的诺齐克式的分配正义原则。这种分配正义的原则，承认正义分配应该"敏于志向"，但却否认正义分配必须"钝于禀赋"。在诺齐克看来，对禀赋本身的尊重以及由此衍生的对这种禀赋所带来的收益的尊重，恰是平等待人之理念的体现。对此最为耳熟能详的例证便是诺齐克举的球星张伯伦的例子。[3] 在诺齐克看来，张伯伦基于其禀赋的所得远远超出普通人的收入所体现的正是一种基于自愿交易前提下的平等原则，而只要我们承认每个人对他自己的"自我所有权"具有支配性的话，则这种资源交易及其所得必然会排斥任何一种对之进行再分配的原则。在诺齐克看来，任何一种再分配的模式都潜藏着对个人自由的侵

---

[1]　石元康认为将"entitlement theory"译为"权利理论"或"资格理论"都是不恰当的。前者会引起误会，以为这个理论是有关权利的理论（theory of right），后者则可能令人想起资格所具有的某些特征，而这正是诺齐克所意欲反驳的，因此石元康的方法是置之不译。参见石元康：《当代自由主义理论》，联经出版事业公司 1996 年版，第 88 页。而何怀宏则认为，诺齐克选择"entitlement"而不是"right"之意，恰在于其特别强调对物品和利益的所有权的重视，因此，专门用了一个更具经济和法律意味的词"entitlement"（权利、资格）来强调这方面的权利。参见何怀宏：《诺齐克与罗尔斯之争——代译序》，载 [美] 罗伯特·诺齐克：《无政府、国家与乌托邦》，何怀宏等译，中国社会科学出版社 1991 年版，第 33 页。本书更加认同何怀宏的解读，故将"entitlement theory"译为"资格理论"，以更加符合诺齐克探讨财产权的语境和初衷。

[2]　[加] 威尔·金里卡：《当代政治哲学》，刘莘译，上海三联书店 2004 年版，第 201 页。

[3]　Robert Nozick, *Anarchy, State, and Utopia*, Basic Books, 1974, pp.160-162.

害之虞。而如果要对这种自愿的行为进行干预，必须提出道德上的充分理据。[1] 据此，诺齐克认为罗尔斯主张天赋高者所产出的财富要用于增进弱势者的福祉，与承认"自我所有权"是不相容的。如果我拥有自己，我就拥有自己的天赋。而如果我拥有自己的天赋，我就拥有任何靠着自己的天赋所产出的东西。因此，要求通过再分配的税收机制把天赋高者的产出向天赋低者转移，就侵犯了"自我所有权"。[2] 诺齐克的理论基本符合我们的道德直觉，但是他或许忽略了如下事实：一个是人类处在一个资源有限的世界中，而最初对资源的占有又往往是非正义的，通过强力获取的；另一个是天赋本身的偶然性和承继性。在这样的情况下，如果仍然坚持绝对的对"自我所有权"的保护，则可能无法达致其所欲的平等待人，因而也无法实现他所推崇的康德的"人是目的"的原则。因此，承认"自我所有权"的有限性是必要的。对此，我们需要借助诺齐克的"历史的非模式化"的分配及其局限性，来进一步阐释"自我所有权"之有限性的必要性。

诺齐克的对"自我所有权"的绝对保护与其对财产所有权的绝对信奉直接相关，因为他相信，"自我所有权"必然蕴涵着人们对于外部资源的权利，而后者最集中的体现便是私有财产权。诺齐克认为财产权的合法性源自"历史的非模式化"的分配原则。要理解诺齐克的"历史的非模式化"的分配，我们首先需要阐明如下两对分配的含义，即"历史的分配"和"非历史的分配"、"模式化的分配"和"非模式化的分配"。"历史的分配"更注重过程，注重个人在财富积累过程中所做的贡献；而"非历史的分配"更注重结果而不问过程。在诺齐克看来，功利主义和平等主义都是一种更重结果而忽略过程的"非历史的分配"。"模式化的分配"是遵循某种确定的标准或原则进行的分配，这一分配可以被概括为"按照每个人的（XX）给予每个人"或者"按照（XX）分配"；而"非模式化的分配"则不遵循任何模式和标准，它允许任何人采用任何他愿意的模式进行交换和转让。秉承权利原则的分配便是一种"非模式化的分配"，其所尊奉的是"各尽所择，按择所予"的分配原则。[3] 在此，诺齐克更强调给予者，强调他的意愿和选择，尊重他自愿给予的对象和方式，而"模式化的分配"则忽视了给予者，而更强调接受者，它看到了接受者的权利，却忘却

---

[1] 石元康：《当代自由主义理论》，联经出版事业公司 1996 年版，第 91—92 页。

[2] [加] 威尔·金里卡：《当代政治哲学》，刘莘译，上海三联书店 2004 年版，第 202 页。

[3] 何怀宏：《诺齐克与罗尔斯之争——代译序》，载 [美] 罗伯特·诺齐克：《无政府、国家与乌托邦》，何怀宏等译，中国社会科学出版社 1991 年版，第 19—21 页。

了给予者的权利。模式化的分配正义原则涉及对他人活动的擅自干预，等于是拥有对他人的部分所有权，而这种所有权是没有根据的，是违反了道德边际约束，即个人权利的。[1] 就这样，诺齐克先是将分配正义问题转化成了有权拥有的问题，继而又将有权拥有的问题落实到了对私有财产权的绝对主张之上，最后又借助于私有财产权的绝对主张巩固了其基于"自我所有权"之上的，作为道德边际约束的个人权利。然而，他借助于"历史的非模式化"原则对私有财产权的绝对主张却未必是成功的，反倒使其逐渐偏离了最初的那个康德式的道德平等主义的目的。究其原因，乃是对如下的问题无法解释。

市场交易包含超出个人能力创造范围之外的外部性资源（比如土地），因此，尽管个人拥有自己的能力，但却未必可以证立他也能够理所当然地拥有在市场中运用这些能力所获得的任何资源。这个问题可以进一步归结为对外部性资源之先占的合法性论证。我们知道，自然资源是有限的，而先占往往是缺乏合法性的，通过强力获取的。对此，诺齐克倒也没有避讳，他承认运用强力的初始获得是不正当的，因此当下的资格也是不正当的。[2] 很多财产权利的捍卫者往往避免探讨财产权利的历史渊源，而更多地关注当下，关注分配的目的和结果。但诺齐克所推崇的"历史的非模式化"的分配却使其无法回避这一问题。[3] 诺齐克对这个问题的论述借鉴了一个源自洛克的限制性条件，即当人们去占取无主物时，必须要有"足够的而且与以往一样好的资源留给他人"（enough and as good left in common for others），否则，他就无权拥有该项资源。符合这一标准的占有行为就没有侵犯他人的平等，因为他人并没有因为这个占有行为而被迫处于不利地位。诺齐克据此认为占有的正当性就在于不使每个人的总体状况恶化，如果获取资源没有恶化他人的处境，这种获取就没有违背平等关照。[4]

单纯站在诺齐克的逻辑下审视他的理论，是符合道德直觉的。但是我们不妨追问一句，何以世界最初是无主的而不是所有人共有的？审慎的洛克所秉持的恰是后

[1] 何怀宏：《诺齐克与罗尔斯之争——代译序》，载 [美] 罗伯特·诺齐克：《无政府、国家与乌托邦》，何怀宏等译，中国社会科学出版社 1991 年版，第 21—22 页。

[2] Robert Nozick, *Anarchy, State, and Utopia*, Basic Books, 1974, pp.230-231.

[3] 正义是一个关于"历史"的问题，而不是关于"目的状况"的问题。只有历史的标准才是评价正义的标准。这正是为什么诺齐克要称自己的理论为正义的"历史"观。参见 [加] 威尔·金里卡：《当代政治哲学》，刘莘译，上海三联书店 2004 年版，第 208 页。

[4] [加] 威尔·金里卡：《当代政治哲学》，刘莘译，上海三联书店 2004 年版，第 212 页。

一种主张，而这也使得洛克的"限制性条件"处于一种含糊的中间状态：一方面，洛克式的"限制性条件"承认了自我所有者的各种利益和各种可替代性的选择方案，从而使他的理论很可能不会引向对不平等资源的无限权利；另一方面，洛克认为世界是人类共有的，每个人因此都有一份平等的否决权。这使得我们可能以罗尔斯式的分配结束自然状态，不是因为我们否认自我所有权（以至于弱势者能够直接要求优势者），而是因为我们是外部世界的共同拥有者（以至于天赋低者可以否决有利于天赋高者的土地使用方案）。对此，诺齐克自然持异议，他指出恰是洛克的关于占有的限制性条件为财产者对其财产的资格蒙上了阴影。[1] 其实，洛克的审慎恰是其明智之处，对于一个资源有限的世界而言，对于倡导人人平等的自由主义理念而言，世界的共同拥有远比无主先占更符合道德直觉，也更可能抑制不平等这一人类挥之不去的邪恶。

在这个问题上，诺齐克也不如罗尔斯高明。后者强调的拥有某一确定份额的社会资源的权利倒是一种相对合乎情理的选择。在自由平等主义者眼中，每个人都有资格像他人那样获得资源。并不是任何人生下来就应该得到人世间财富的较小份额，也没有任何人生来就有资格获得大于平均水平的份额。因此，罗尔斯的差别原则或许可以提供一个关于正当占有的公平标准。[2] 而诺齐克的自由至上主义不仅限制着无产者的自我决定，还使其成为他人的资源。在他人已经占用了所有可得财产之后再进入市场的人，"被局限于他人施舍赠品和恩赐工作的意愿"，因此，"如果他们被迫在既有财产制度下参与合作，他们就是被迫有利于他人。被迫服从这种财产制度就是剥削的一种形式，并且冲突于（诺齐克的）最基本理念，因为它使得后来者仅仅成为他人的资源"[3]。由于有意义的自我决定既要求资源又要求各种自由，又由于我们每个人都是独立存在的个体，因此，每个人都应该对这些资源和各种自由拥有平等的要求。在这个意义上，罗尔斯确实比诺齐克做得更好。

现在，我们可以为诺齐克的权利理论下一个结论："撇开诺齐克的种种概念外衣，应该说他的思想是相当简单明了的。他的权利正义观是基于个人而非整体的，是向后看而非先前看的，是注重给予者而非接受者的，是问来路是否正当而非结果是否可喜的，是任其自然而非进行干预的，是把权利推到极致的，是要么全部要么

---

[1]　[加] 威尔·金里卡：《当代政治哲学》，刘莘译，上海三联书店 2004 年版，第 222—223 页。

[2]　[加] 威尔·金里卡：《当代政治哲学》，刘莘译，上海三联书店 2004 年版，第 221 页。

[3]　[加] 威尔·金里卡：《当代政治哲学》，刘莘译，上海三联书店 2004 年版，第 229 页。

全不的。分配完全是交付给历史和个人去处理了，除非是在需要诉诸一个矫正的正义原则的时候，但对这样的原则却不知道怎样实行，对此诺齐克语焉不详，也无法详。"[1]

五、小 结

正是康德开启了对功利主义最强有力的批判。在康德看来，功利主义的经验原则并不适合作为具有先验价值的道德律，对自由和权利的纯粹工具性辩护不仅弱化了权利的根基，也势必会失去对人的尊严的尊重。功利主义把人作为实现幸福的手段，而非值得尊重的目的本身蕴含了一种逻辑上的可能，即对个人权利的潜在干涉和侵犯。此外，康德还认为，基于欲望的因人因时而异，建基于欲望之上的功利主义原则必然具有偶然性，而非普遍必然性。而以之为基础，在某些情况下可能导致以公众的普遍福利去牺牲正义。而如果无法保证正义的首要性，则可能导致社会不公和强权统治。因此，康德认为，追求幸福的欲望必须永远处于道德法则的支配之下，即使这些欲望是普遍共享的，他们也不能被当作道德法则。[2]秉承康德的"人是目的"的道德法则，当代自由主义者将自己的理论根基建立在权利之上。

然而，正如本章所深入讨论的，失去了判准的自由主义何以发现或建立一套不以任何一家之善出发，却能平等对待所有相冲突之善的"权利"？而这套不以任何善观念为基础的"权利"，其自身基础何在？康德认为自由之人会为自己"立法"，选择自由之人必然首先选择一种"有法"而非"无法"的状态，而这法必然归结为他所谓的以人为目的而非手段的"道德法"。同样，作为当代自由主义的集大成者，罗尔斯认为经由"无知之幕"过滤之后的"光秃秃的个人"必然会优先选择他所谓的"正义的两个原则"。但是，何以见得有绝对自由之人必然会选择有法而非无法，必然选择将人作为目的而非手段，又必然在被"无知之幕"搞得连自己是男是女都不清楚的情况下选择"正义原则"而不是弱肉强食呢？[3]当代以罗尔斯为代表的自由

---

[1] 何怀宏：《诺齐克与罗尔斯之争——代译序》，载 [美] 罗伯特·诺齐克：《无政府、国家与乌托邦》，何怀宏等译，中国社会科学出版社 1991 年版，第 23 页。

[2] 俞可平：《社群主义》，中国社会科学出版社 2005 年版，第 13 页；姚大志：《现代之后——20 世纪晚期西方哲学》，东方出版社 2000 年版，第 111 页。

[3] 甘阳：《政治哲人施特劳斯：古典保守主义政治哲学的复兴》，载 [美] 列奥·施特劳斯：《自然权利与历史》，生活·读书·新知三联书店 2003 年版，第 51—52 页。

主义者，在继续坚持"权利优先于善"的立场的同时，恐怕很难对这一问题做出回答。而失去了对人生意义的追问，这一权利话语的根基，最终很可能仍然是那个世俗但牢固的政治享乐主义传统。同样的，虽然德沃金和诺齐克在一些问题上与罗尔斯存在分歧，但正如本章所述，他们三人在坚持权利的根本性和优先性问题上是一致的。因此，德沃金和诺齐克的理论也同样面临着罗尔斯理论所面临的困境。

第五章　权利的意识形态化与美好生活的危机

作为一种"反传统的传统"，权利话语肇始于霍布斯的政治享乐主义传统。这一传统第一次尝试排除"人"以外的价值与规范，而将"人"看作一切权威与合法性的来源，而权利则是这一传统的核心语词。但是，就像光线透过玻璃总会弯曲一样，良好的理论意愿在现实当中也难免打折。在古典传统中，人乃万物之一端，其于天地万物之间有一个符合自然逻辑的定位。人既不是唯一的，也不是最重要的有着最终目的性价值的存在。而自启蒙以降，人乃万物之灵长，在科学和理性的引导下，一步步"祛魅"的同时，也膨胀着对"自然"的野心，结果人替代自然成为唯一的、最重要的、有着目的性价值的存在。

一部西方近代史便是这样一个由圣（神圣自然）入凡（现实之人）的世俗化过程。恰如前面几章所述，18世纪的思想家开始把自然法与上帝分开，转而在人具有理性这一事实上重建自然法的基础。但是西方近代文化在人世间寻找价值源头的努力仍然困难重重。社会契约论所假定的"自然状态是一种乌托邦，不足以成为道德的真源"。功利主义的幸福说过分注重效用与结果，又有陷入价值无源论的危险。[1] 受惠于功利主义的当代自由主义以批判功利主义作为自己理论建构的起始，不过"罗尔斯的立场显然从康德、密尔等自由主义者对个人自主的信仰倒退了。这一倒退意味着自由主义从方法论上的撤退，它不再纠缠那些有争议的形而上学问题、价值观问题或关于善的一般观念，而是集中关注那些可以满足大众理性需求的共同的政治问题"。[2]

---

[1]　余英时：《从价值系统看中国文化的现代意义：中国文化与现代生活总论》，载"文化：中国与世界"编委会编：《文化：中国与世界》（第1辑），生活·读书·新知三联书店1987年版，第51页。

[2]　李强：《自由主义》，中国社会科学出版社1998年版，第129页。

这种缺少价值关怀的基于权利的道德理论最终可能蜕化为一种基于利益权衡的暂时妥协，而这将为现代社会的整合和美好生活的实现带来巨大的威胁。

正如贝拉米所言，如果社会由只关心自身利益的个体组成，当他们试图使自身的需求最大化，并采取理性行为时，将不可避免地导致囚徒困境。[1]这一困境揭示出，权利无法存在于一个社会与道德的真空中，其只能在某一特定的受到某种"集体利益与共同体验"（collective goods and shared understand）限定的社会环境中被享有。权利的冲突唯有参照该社群所尊崇的共同善或共同生活方式才能获得解决。[2]而拉兹也认为，一种完全由权利组成而不言其他的道德理论是非常空洞且贫乏的，那些不顾赋予了权利以价值的社会环境而要求自己绝对权利的论调是荒谬之极的。[3]正是在这个意义上，自由主义所塑造的权利话语及其所构想的美好生活愿景正在面临挑战。在《权利话语：穷途末路的政治言辞》一书中，作者用生动的语言，从法律、社会、政治三个维度描绘了"权利话语"所具有的负面效应：

> "权利间的相互对峙"形成的法律僵局；"责任话语的缺失"导致整个社会变成了陌生人的乐土；"对传统的背离"将政治言论演变成为了一场不负责的"脱口秀"，从而扼杀了普遍对话的机会，损害了有序自由所赖以存在的基石。[4]

如果任由这种情况继续下去，现代人很有可能成为尼采眼中的"报废之人"。他们虽然离开了苦寒之地，但也变成了一群没有主人的"奴隶"。他们只关心自己的利益和小幸福，整个社会弥漫着一股尚利轻义的颓废气息。[5]

然而，正如前面几章所论述的，这种担忧正在变为现实。随着"权利优先于善"

[1] Richard Bellamy, *Rethinking Liberalism*, Pinter, 2000, pp.24-25.

[2] Richard Bellamy, *Rethinking Liberalism*, Pinter, 2000, pp.146-147.

[3] Joseph Raz, "Right-based Moralities", Waldron (ed.), *Theories of Rights,* Oxford University Press, 1984, pp.128-200.

[4] [美]玛丽·安·格伦顿：《权利话语：穷途末路的政治言辞》，北京大学出版社 2006 年版，译者序言第 1 页；参见 also Mary Ann Glendon, *Rights Talk: The Impoverishment of Political Discourse*, The Free Press, 1991, pp.75-77.

[5] Friedrich Nietzsche, *Thus Spoke Zarathustra,* Thrifty Books, 2009, Zarathustra's Prolog, pp.18-30. 中译本：[德]尼采：《查拉斯图拉如是说》，尹溟译，文化艺术出版社 2003 年版，查拉斯图拉之序篇第 2—18 页。

的现代政治原则的确立，自由主义不再纠缠有争议的价值问题，而更多关注可以满足大众理性需求的利益问题。结果，权利优先颠覆了诸善为本，失去了善之引导的权利，让可欲生活变得很不确定，进而大大弱化了权利理论的价值。我们很可能看不到制度正义和个人德性在这一理论下的良性互动，却可能因为伦理话语的缺失和权利的对峙而损害了繁荣社会赖以存在的基石。

更为严重的是，这一政治享乐主义传统由霍布斯开启，经由洛克、边沁、密尔等人相继祖述，及至当代自由主义者那里，已然根深叶茂，蔚然而为宰制之势。这样一种预设了"权利优先于善"，忽视"本体性价值"关怀，只试图设计最低、最薄、最基本的价值标准，而将自身建构于"世俗但牢靠"根基之上的权利话语正在成为一种意识形态化的话语权力。而当权利变成拒绝怀疑的信仰，它在思想上就死了。[1]

正是在这个意义上，本章试图在前几章的基础上直陈这一意识形态化的权利话语的危害，并挖掘权利话语本身应该具有的理论弹性和厚度，从而为这一现代性的核心价值能够容纳不同社会文化传统开拓空间，并为本书随后分析转型中国社会的权利话语和美好生活想象提供理论可能。

一、虚无主义笼罩下的历史终结

尼采在为其最后一本著作《权力意志》所写的序言中，曾这样悲叹道：

> 我谈论的是两个世纪以后的历史。我描绘的是将要到来、而且不可能以其他方式到来的现象：虚无主义的降临。这种历史现在就可以讨论，因为必然性本身已经在运转。这个未来甚至以一百种迹象在讲述……因为我们整个欧洲文化如今正在走向灾难，带着一代代以来增长着的无休无止的、剧烈的、一往无前的扭曲张力，像一条奔向尽头的河流不再回顾过去，也害怕回顾过去。[2]

尼采这里所指出的"扭曲张力"，在笔者看来，其根源早已内蕴于资本主义精

---

[1]　赵汀阳：《预付人权——一种非西方的普遍人权理论》，载《中国社会科学》2006 年第 4 期，第 17—19 页。

[2]　Nietzsche, *The Will to Power,* Walter Kaufmann (ed.), Random House, 1967, p.3.

神之中。在韦伯眼中，加尔文主义和新教伦理，即严谨的工作态度和追逐财富的合法化，作为一种教义，推动了理性生产和交易这个极具特色的西方制度的产生。但是，资本主义的起源却不仅仅只有禁欲的一面，还有贪欲的另一面。无论早期资本主义的萌芽究竟在哪里，很显然，从一开始，禁欲与贪欲就互相纠缠在一起。一个是资产阶级精于算计的精神；另一个是现代经济和技术表达出来的永不安宁的浮士德式的躁动。两种冲动相互纠缠构成了合理性这个现代概念，而两者之间的张力也为奢华炫耀加上了道德约束。[1] 但是，随着边沁对禁欲主义攻击的开启，个人偏好代替了共同目的。[2] 而早先受习俗和传统的规则约束，在经济冲动面前也逐渐败下阵来，进而连文化也随着这一轨迹变得庸俗物化。[3] 在市场上，由充满诱惑性的漂亮图像包装起来的商品，推动了一种享乐主义的生活方式，它允诺人们带着欲望面孔的感官满足。文化掌握了倡导变革的主动权，而经济则不断调试自己以满足这些欲求。[4] "没有限制的欲望"正假以"应享权利"之名在现世开启一场要求越来越多应得权利的革命。与之相伴的却是现代社会的信仰危机和意义世界的荡涤，这便是现代性的虚无本质："没有过去或未来，只有无尽的虚空。"[5]

福山所宣称的"历史的终结"便吊诡地出现在这样一个虚无的时代。在《历史的终结及最后之人》（*The End of History and The Last Man*）一书中，福山以一种胜利者的笔调乐观地告诉了我们这样一个"结论"：

> 自由民主制度（liberal democracy）也许是"人类意识形态发展之终点"和"人类最后一种统治模式"，并因此构成"历史的终结"。[6]

福山认为历史终结于自由民主制度的原因在于其不存在根本性的内在矛盾，而

---

[1] Daniel Bell, *The Cultural Contradictions of Capitalism*, Basic Books, 1978, Forward, p.xx.

[2] 边沁发动了对禁欲主义的主要攻击，他认为，禁欲（这是宗派分子强加给不情愿的他者的"苦难"）违背了人类"自然"的享乐天性，即驱乐避苦。"禁欲"的伤害在于不论其目的有多纯粹，它都导致了对人的"专制"。参见 Daniel Bell, *The Cultural Contradictions of Capitalism*, Basic Books, 1978, Forward, p.xx.

[3] Daniel Bell, *The Cultural Contradictions of Capitalism*, Basic Books, 1978, Forward, p.xx.

[4] Daniel Bell, *The Cultural Contradictions of Capitalism*, Basic Books, 1978, Forward, p.xxv.

[5] Daniel Bell, *The Cultural Contradictions of Capitalism*, Basic Books, 1978, pp.28-29.

[6] Francis Fukuyama,*The End of History and the Last Man,*The Free Press, 1992, By Way of an Introduction, p.xi.

当今西方国家所存在的严重社会问题（如社会不公正），只是自由、平等原理尚未得到完全实现的结果，而非制度本身之缺陷。[1]

论者多指出福山的狂妄自大，并对其历史终结的论断报之一笑，但却未必明了这一论断背后的分裂，福山一方面做出了历史终结的结论，另一方面又对之持保留与怀疑。这种分裂与福山的学术背景相关，福山既是列奥·施特劳斯的隔代弟子，又曾在亨廷顿的指导下攻读过政治学博士。因此，其《历史的终结及最后之人》一书体现了政治哲学和政治科学的某种"奇异"结合。恰如刘擎所言：

> 《历史的终结及最后之人》一书实际上包含着两个互为支持的论证：哲学论证与政治科学论证。所谓"历史的终结"并不是指实际"历史事件"的终结，而是在历史哲学（普遍历史）的意义上，主张"历史方向的进程"——意识形态的演进到达了其终点：在自由主义民主之外，没有其他系统的意识形态具有真正的竞争可能。这个哲学论题被福山用来支持（或"包装"）他的政治学论题，这是一种"历史进步观"主导下的现代化理论或民主化理论：西方现代的政治经济制度（与现代科学技术相似），虽然发源于西方，但并不是地域性的，而是现代化普遍进程的方向。[2]

概言之，福山表现出了一种"进步的"历史观，却在其"终结"之处又背离了这一历史观，选择了拥抱作为"意识形态"的僵化的自由主义教条，放弃了哲学的思辨。而福山所具有的政治科学的实证倾向，也使其历史终结论更多地变成数据的堆砌与分析，而缺少哲学的思辨，并因而显得贫乏单薄。换言之，福山所谓的"终结"是一种意识形态的终结，而这种"终结"不仅意味着一种纯粹思辨意义上的哲学的死亡，也意味着作为一种僵化价值观系统的意识形态的可能的强制。前者在现实世界中的表现，便是丧失意义世界之后的在价值虚无主义引领下的"末人时代"的来临；后者则在一定程度上表现为西方普世价值的强制输出。两者结合，使得福山之结论令人信服的程度大打折扣。

关于第一点，福山本人倒也并不避讳：

---

[1]　Francis Fukuyama, *The End of History and the Last Man*, The Free Press, 1992, By Way of an Introduction. pp.xi-xii.

[2]　刘擎：《面对中国模式的历史终结论》，载《东方早报·上海书评》，2009 年 9 月 20 日。

在公共生活中，民主人尤其难以认真对待具有真正道德意蕴之问题。道德涉及优劣、善恶之辩，而有违宽容之民主原则。于是，"最后之人"（the last man）转而关注个人之健康与安全……而不再是让其先辈们所饱受煎熬之道德问题。[1]

"可正确理解之私利"（self-interest rightly understood）已成为一个被广泛认可的原则，这一原则将美国社会之公德建立在一种在很多情况下比单纯诉诸于宗教或前现代价值观更为可欲的低俗但稳靠的基础之上（a low but solid ground）。但长远来看，这些自由原则对维系牢固共同体所必须之前自由主义（predating liberalism）价值具有腐蚀作用，并进而威胁到自由社会之自我维系功能。[2]

福山进而指出，现代自由主义方案正是企图将人类社会的根基从"气魄"（thymos）转移到欲望这一更为牢靠的土地上，自由民主制度正是通过一系列诸如主权、人权、法治以及分权的复杂制度设计限制并升华"优越愿望"（megalothymia）来解决这个问题。自由主义还将欲望从压抑中解放出来，并将之与理性结合，以期为人类创造一个崭新并充满活力的世界。[3] 然而，欲望果真能受理性支配吗？[4] 尚若欲望不再受理性支配，并假借"权利"之名时，这种"权利诉求"或许将把人类引向尼采所谓的末人时代。

对此，福山本人其实是清醒的。他承认自由民主国家的典型市民是在霍布斯和洛克教唆下，放弃拥有崇高价值信念而宁取舒适生活的个人。这些人正是尼采眼中的受欲望与理性支配，却缺乏高尚愿望而只满足于自身的幸福，对自己不能超越那些需求丝毫不觉羞耻的"报废之人"。而从长远来看，这样的人可能会威胁到自由社会的自我维系。

---

[1]　Francis Fukuyama, *The End of History and the Last Man,* The Free Press, 1992, pp.305-306.

[2]　Francis Fukuyama, *The End of History and the Last Man,* The Free Press, 1992, pp.327.

[3]　Francis Fukuyama, *The End of History and the Last Man,* The Free Press, 1992, pp.333.

[4]　福山对之的答复如果说不是肯定的，至少看上去也是乐观的，参见 Francis Fukuyama, *The End of History and the Last Man,* The Free Press, 1992, pp.333-334.

二、意识形态化的权利话语危机

其实，福山所谓的历史终结只是权利话语意识形态化的一个注脚。源自西方的权利话语历经数百年积淀，正在变成拒绝怀疑的信仰，权利的话语变成了话语的权力。而这种意识形态化的权利话语又加剧了自由主义作为一种政治哲学所面临的危机。

对"意识形态"的界定主要有两种代表性观点。曼海姆认为"意识形态"是一个中性化的概念，它最初只表示思想理论，是在拿破仑轻蔑地将反对他的帝国野心的哲学家团体称为"意识形态主义者"时，才诞生了现代的带有贬义的意识形态。[1] 而汤普森尽管承认中性概念的意识形态，但也指出这种界定是要把意识形态化约为各种主义，从而模糊或者剔除了意识形态所具有的批判性的负面意涵。因此，汤普森倾向于在"批判性概念"的意义上使用意识形态，并将之界定为服务于建立并支持某种不对称的权力关系（统治关系）的意义。[2]

本书是在后一种意义上使用"意识形态"这一概念。恰如希尔斯所言，这种"意识形态"具有强烈的封闭性，那些接受了某种意识形态的人会拒绝接受意识形态模式以外的任何证据、任何经验。这种意识形态是相当严格而僵化的，它比一般价值观、世界观与信条更倾向于抗拒创新。[3] 自由主义及其权利话语在历经了数百年的发展之后，正在成为这样一种意识形态。只不过，与法西斯、极权主义这些"显在"的带有强制性的意识形态不同，自由主义的强制是以"隐在"的方式发生作用的。换言之，自由主义虽然通常都是中立的、隐而不显的，但随着其在现代生活中渐渐具有了优势地位，当它再次以"中立"姿态出现时，其实这种"中立"的姿态已经掩盖了其温和外表下的"强制"作用。当社会中绝大部分的人对于某些事情都有了类似的想法的时候，他们往往就会下意识地忘记了对这些事情还可能有其他的选择。此时，以"中立"姿态出现的占有优势地位的自由主义便具有了霸权的意味，而笼罩在其话语宰制下的社会当中的大多数人则会出现有意识或无意识的趋同的心理倾向。

自由主义的"意识形态化"是一个自由主义基本理念逐渐僵化、异化、极端化的过程，同时也是自由主义基本理念日益失去其原有意涵和特征的过程。要更好地理解这一过程，我们需要追问两个问题：第一，这种"意识形态化"的自由主义权

---

[1] [德]卡尔·曼海姆：《意识形态与乌托邦》，黎鸣、李书崇译，商务印书馆2000年版，第72—73页。

[2] [英]约翰·B·汤普森：《意识形态与现代文化》，高铦等译，译林出版社2005年版，第6—7页。

[3] 转引自李强：《自由主义》，中国社会科学出版社1998年版，第124页。

利话语掩盖或忽略了什么样的真实问题？第二，服务于这种"意识形态化"的权利话语是如何建构其具有宰制力的话语权力的？

就第一个问题而言，权利话语的"意识形态化"最直接的后果是将"权利优先于善"绝对化，进而导致了彻底的虚无主义这一现代性最大的危机。[1] 在施特劳斯看来，主张"权利优先于善"就是否认真正的善，即否认"自然正当"，而从"自然法"到"自然权利"再到"人的权利"的转变过程，就是西方走向虚无主义的过程。[2] 施特劳斯力图证明，正是实证主义的科学理论摧毁了可以建立"自然正当"的宇宙目的论，结果人们不得不接受种种法学和社会学提供的"自然正当"的解释。[3] 但是这种对自然正当的解释已经背离了古典政治哲学"善优先于权利"的基本立场，现代人对"权利优先于善"的坚持所带来的古典意义上的政治哲学的式微以及由之而来的虚无主义，正是"意识形态化"的权利话语所掩盖和忽略的"真正真实的"问题。

就第二个问题来说，这种"意识形态化"的权利话语建构其具有宰制力的话语权力主要借助如下两点：首先是西方中心主义的普遍主义叙事模式；其次是科学实证主义所支撑的进步史观。进言之，就第一点来说，西方中心主义的普遍主义叙事模式也可以称为"独白的普遍主义"。这种普遍主义把独白者的视角当作出发点，把普遍价值（规范）混同于物品。[4] 哈贝马斯对这种类型的普遍主义进行了尖锐批评，指出它的根源是一种"将自身和周围世界都客观化、以便将一切都置于控制之下的主体"的视角。从这种单个主体的独白式的视角出发，"价值——哪怕是确实有可能赢得全球范围普遍承认的价值——被当作可以由私人来拥有、并在全世界分配和出口的物品"，这种观点忽视了这些价值在全球范围内的意义和有效性，是取决于所有

---

[1]　自由主义主张"权利优先于善"，并不是说自由主义完全无视善，而是因为自由主义认为存在着多元的且无法调和的各种善观念。因此，自由主义希望可以发现或建立一套"权利"，它不以任何一家善观念出发，却能平等对待所有相冲突的善。但这套不以任何善观念为基础的"权利"其本身的根基是可疑的，因此带来了虚无主义这一现代性最大的危机。参见甘阳：《政治哲人施特劳斯：古典保守主义政治哲学的复兴》，载 [美] 列奥·施特劳斯：《自然权利与历史》，生活·读书·新知三联书店 2003 年版，第 51—57 页。

[2]　甘阳：《政治哲人施特劳斯：古典保守主义政治哲学的复兴》，载 [美] 列奥·施特劳斯：《自然权利与历史》，生活·读书·新知三联书店 2003 年版，第 47—48 页。

[3]　刘小枫：《刺猬的温顺——伯林和施特劳斯》，载萌萌主编：《启示与理性：从苏格拉底、尼采到施特劳斯》，中国社会科学出版社 2001 年版，第 23—24 页。

[4]　童世骏：《国际政治中的三种普遍主义》，载《华中师范大学学报（哲学社会科学版）》2003年第 6 期，第 2 页。

人从自己的视角出发所进行的理解和同意的，而不是独白式的，"仅仅从它自己的世界观的中心化的视角出发来感受超越其边界的遥远视域的世界"[1]。就第二点来说，科学实证主义主张"价值无涉"，讲究"经验证据"，认为真正的知识来自于对"事实"的研究。在这种情况下，处理价值问题的政治哲学被当成了无用的摆设，其存在的意义如果不是说被实证主义完全否定了，也在很大程度上被淡化了。伴随着这一过程，政治哲学逐渐式微而政治科学大行其道。政治哲学的式微加剧了权利话语被"意识形态化"的危险，而政治科学的支撑又使得被"意识形态化"的权利话语能够获得科学经验数据的支撑。以福山的历史终结论为例，让其最有信心的不是所谓的自由民主制度在意识形态意义上的终结，而是支撑其得出这一结论的所谓科学的经验数据。[2]

可以说，正是西方中心主义的普遍主义叙事模式和科学实证主义所支撑的进步史观，在一定程度上加剧了权利话语的"意识形态化"，并将这种"意识形态化"了的权利话语作为普世价值和人类历史进步不可逆转的潮流输入到全世界的每一个角落，从而使之成为了一种具有宰制力的话语权力和价值判准，进而加深了其教条化和意识形态化。权利话语"意识形态化"的一个消极后果便是藉由话语权力而来的"理论殖民"。这一"理论殖民"借助"独白的普遍主义"的话语表述，将一种代表了进步史观的普遍主义的权利话语以近乎意识形态般的信仰方式灌输至世界各地，并构成了一种支配性的逻辑，而罔顾他者的主体性存在。

三、权利话语应有的弹性和厚度

然而，当权利变成衡量其他文明体系的"政治正确"时，其本来的学理被意识形态所遮蔽。这不仅掩盖了西方学界对权利理论的极富洞见的思考，也缩减了大洋两岸就此进行对话的空间。其实，拨开意识形态的迷雾，源自西方的权利话语内部本身有着丰富的弹性和厚度，下文将还原这些内容，从而为更好地讨论权利及其所

---

[1] 童世骏：《国际政治中的三种普遍主义》，载《华中师范大学学报（哲学社会科学版）》2003年第6期，第2页。

[2] 实际上，福山的学术底色是"社会科学家"，他对西方民主必胜的信念很大程度上依赖于经验证据。所以，他多次提及人均GDP达到某一数额的"转型阀值"。当一个国家的人均GDP到达这一"转型阀值"之后，非民主的政体就很难维系，而且民主化转型一旦发生也很难逆转。参见刘擎：《面对中国模式的历史终结论》，载《东方早报·上海书评》，2009年9月20日。

勾画的美好生活提供理论支持。

要想更全面地还原自由主义权利话语的深厚内涵，一个有效的方式是借助自由主义批评者的眼睛："批评者们常常以极为敏锐的眼光审视其批判的对象，展示批评者自身与批评对象之间的区别，从而使读者对批评对象的本质特征有更深刻的理解，并在比较中把握批评者与批评对象的真正特征。"[1]实际上，在本书的前述章节，笔者已经陆续涉及了对自由主义进行批判的观点，概括而言，他们对自由主义及其权利话语的批判主要涉及如下五个方面：对"反对传统"的批判、对"个人主义"的批判、对"启蒙理性"的批判、对"中立国家"的批判和对"普世价值"的批判。

第一，就自由主义的"反对传统"而言，实际上存在着"反对传统"与"依托传统"之间的张力。我们无法设想组成社会的人们是一群毫无道德感、责任感，只追求个人权利却罔顾社会利益的人们。否则一个既保障个人自由又有稳定秩序的社会便难以形成。自由主义在西方近代之所以能够大行其道，与西方深厚的文化与道德传统有相当的关系。尽管自由主义抨击传统对个人的束缚，要求摆脱宗教对个人行为的羁绊，但恰恰是这些传统与宗教为以个人主义为核心的自由主义提供了共同的道德基础，提供了秩序的源泉。[2]而古典传统所强调的关系的合理性与自由主义立足于现实的法治，古典传统强调人际间的等级和秩序与自由主义主张人与人之间的平等均质，古典传统强调宗族、家庭、社团对个人的优越性与自由主义主张个体及其权利的优先性之间的界限并不是绝对的、割裂的，而应该是融合的、互动的。无论是古典传统还是现代传统（自由主义）本身都应该是流动的传统，而真正值得珍惜的则是在这流动之中历经岁月洗刷而传承下来的，能够为两种传统所共同体认的，或至少是不存在显见冲突的那些价值。这种态度在洛克、斯密、柏克和密尔那里都得到了传承，但历经数百年的发展，今天的自由主义似乎逐渐遗忘了自身依托传统的事实，而逐渐将自己装扮成一种与传统脱离的"新传统"。

第二，就自由主义的"个人主义"而言，实际上存在着"温和个人主义"与"极端个人主义"之间的张力。所谓"温和的个人主义"即在强调个人的同时也并没有忽略社群的维度，在笔者看来这其实更能体现自由主义的本意。自由主义何尝不知道奢谈"原子式的个人"或"脱离情境的自我"本身的消极后果，也意识的到极端

---

[1] 李强：《自由主义》，中国社会科学出版社 1998 年版，第 239 页。
[2] 李强：《自由主义》，中国社会科学出版社 1998 年版，第 258 页。

个人主义的危害。因此，社群主义的批判不可谓是无的放矢，但自由主义却也并非全如其所言的那般完全忽视社群。[1] 自由主义谈论所谓原子式个人的宗旨"并非在于描述个人与社会的现实关系，否定个人身上社会影响的烙印，而在于抽先地建构理想社会的基础"[2]。但是，我们却无法否认这种理论预设本身对社会现实、文化和历史环境的忽视甚至背离，而如果忽略了这一点，今日所见的诸如极端个人主义的弊病和忽略社群所带来的消极后果将会日益严重。

第三，就自由主义的"启蒙理性"而言，实际上存在着"经验传统"与"理性传统"之间的张力。[3] 前者所尊奉的理性是一种"渐进理性"，而后者所推崇的理性则是一种"建构理性"；"前者是经验主义的、非系统化的，后者是思辨性的、理性主义的；前者相信渐进的改良，相信社会的自发秩序，注重法治下的自由，后者则以建构理性为基础，视所有社会与文化现象为人为设计的产物，强调人们可能而且应该根据某一被接受的原则或计划重新组织社会结构"[4]。在古典自由主义的理念中，对"启蒙理性"原本持有一种于两种张力之间求得衡平的审慎态度。对人权高唱入云的一个前提是相信理性之人为自己所立之"法"，是相信理性之人的自我选择。但无论是休谟还是柏克对此一"理性之人"均保有怀疑：理性被要求做太多自身做不来的事情。启蒙运动开启了一种新的人性理论，并要以此新的人性观为人类世界的基础，在上面建构新的道德与政治体系。他们都怀疑理性主义者勾画的雄图。在休谟看来，以为理

---

[1] "值得注意的是，面对社群主义的批评，自由主义也在逐步调整自己的理论。晚近以来自由主义关于市民社会的讨论清楚地显示了这一点。当代西方不少自由主义者争先恐后地谈论所谓'自由主义的社群'（liberal community）也显示了这一点。"关于自由主义社群的讨论的著作，可以参见 Will Kymlicka, *Liberalism, Community and Culture,* Clarendon Press, 1991; Stephen Macedo, *Liberal Virtues: Citizenship, Virtue, and Community in Liberal Constitutionalism,* Oxford University Press,1990. 转引自李强：《自由主义》，中国社会科学出版社 1998 年版，第 263 页。

[2] 李强：《自由主义》，中国社会科学出版社 1998 年版，第 257 页。

[3] 西方的自由主义理论主要见于英国人和法国人的思考，前者偏重经验主义而后者侧重理性主义。哈耶克是这一区分的佼佼者。他在《自由秩序原理》中严格区分了英国传统与法国传统，认为前者着重自发性秩序的形成以及免于外在干预的自由，后者则相信武断的人为规划可以促使人在共同体中实践自由。哈耶克本人追慕英国传统。在他看来，英国传统的经验主义保障了自发性秩序的形成，不空谈普遍人权，而法国传统的理性主义则在大革命所带来的动乱中暴露了虚浮危险的一面。但推崇理性主义者也指出英国自由主义传统对人性的预设过于原子化，他们的自由观欠缺社会学基础的考察以及他们只重视私人领域而忽视政治参与的道德功能，而这是法国自由主义传统可以避免的。参见江宜桦：《自由主义哲学传统之回顾》，载王焱等编：《自由主义与当代世界》，生活·读书·新知三联书店 2000 年版，第 12 页。

[4] ［英］哈耶克：《自由秩序原理》，邓正来译，生活·读书·新知三联书店 1997 年版，第 61—82 页；转引自李强：《自由主义》，中国社会科学出版社 1998 年版，第 114—115 页。

性能够控制激情，并据以产生一套凡是理性之人都能效忠的理性道德体系是可笑的；而柏克也认为，宣称道德与政治世界的真理将会是简单的人人依据理性、认知而可以掌握的真理是近乎无知的呓语。[1] 认为关键不是人们是否拥有这些权利，而是人们是否具有践行这些权利的智慧。甚至在更为激进的密尔那里（密尔的功利主义思想本身便被看作激进的建构理性的产物），对人之理性的认识都是非常审慎的。密尔认为对有质量之幸福，唯有既享受过高度物质舒适，又具有高度心灵发展的人才可能有此见解。而这些"优越的心灵"应当承担教导他人的权利与义务，他们对同胞的发言将有一种特别可信的权威。[2] 与之相对，"人民不是他们幸福的最佳判断者"。然而，上述睿智的见解，在今天听来近乎反动，取而代之，对理性的过分信任导致"理性的自我选择"往往"被激情俘虏的理性"所替代，这也使得自由主义既强调"开明自利"也强调"利他主义"，并使试图为个人追求自身利益提供某种道德约束的努力付诸东流，而更为关切制度建构而不是道德问题的自由主义对此却是束手无策。[3] 无论是其秉承国家在私人道德领域的中立性，还是其低俗稳靠的法治建构，在选择权利之神圣不可侵犯的同时，也无疑是在暗中对"利他主义"而不是"开明自利"频送秋波。

第四，就自由主义 的"中立国家"而言，实际上存在着"自生自发"与"国家引导"之间的张力。这种张力不仅体现在私人的价值领域中，也体现在经济、政治层面的实际运作和制度建构上。自由主义所秉承的"中立国家"的理论依据依然是那个神圣的权利：个人对国家享有权利，而国家不得对个人的这些权利进行强制干预，除非具有道德上或法理上的充分理据。首先，国家中立性在价值领域表现为价值论多元。但是，价值多元论很难绕开韦伯所谓的"诸神之争"并进而滑向价值虚无主义的深渊，以使现代人难以找到在现实世界安身立命的根基，此时的权利恐怕也日渐偏离了那个令人向往的"追求幸福"的誓言，而沦落为享乐主义和消费主义的注脚。此外，

---

[1] 柏克对启蒙运动弊病的诊断颇能切中要害。启蒙运动宣称道德与政治世界的真理将会是简单的真理。柏克嘲讽道，这不是无知便是呓语。道德与政治世界实际上复杂万端。而与理论相反，实践的智慧所需要的"最精妙复杂的技巧"，只有在漫长而多变的实践中才能养成。参见 Leo Strauss, *Natural Right and History,* The University of Chicago Press, 1953, p.308.

[2] J.S. McClelland, *A History of Western Political Thought,* Routledge, 1996, p.514.

[3] 其实，"从亚当·斯密与边沁所谈论的'开明自利'到康德所强调的道德绝对命令，自由主义者无不试图强调个人追求自身利益时应该有某种道德考量。不过，自由主义强调的是，这种道德行为的形成不是国家立法者的责任，而是个人自己的选择"。李强：《自由主义》，中国社会科学出版社 1998 年版，第 259 页。

不相信存在一种绝对价值的信念，或许正是价值多元论的绝对价值。这样的价值多
元论也使自己看起来多少有些口是心非。[1] 这样，原本意欲以价值多元论为其权利话
语保驾护航的自由主义则面临来自价值虚无主义和价值一元论的指控。实际上，当
代自由主义的价值多元主义也渐渐表现出日益明显的价值虚无主义以及"虚伪"的
价值一元主义（进步史观与普世价值观）倾向。其次，国家中立性在经济领域表现
为对"自生自发秩序"的尊奉。但是，这种"自生自发秩序"却可能滑向"自由放任"
的唯经济论，进而成为对不平等的漠视，甚至为不平等进行辩护的那些观点的帮凶。
而当代自由主义者罗尔斯和诺齐克之间关于自由与平等的争论也体现在自由市场与
国家调控之间或许是永无休止的张力中。对此，我们需要警惕"国家中立"的意识
形态化，以免这种话语权力禁锢了我们的思想。

第五，就自由主义的"普世价值"而言，实际上存在着"普遍主义"与"特殊主义"
之间的张力。自由主义以抽象的原子化的个人或"脱离情境的自我"作为其权利话
语的理论根基，强调人的普遍特性，强调其在任何地域、任何文化中的普世价值，
并对不同地域、不同文化的传统和习俗构成了严峻的挑战。但自由主义忽略了其权
利观欠缺的对社会学基础的考察，忽略了其原本出自一种地方性知识的权利话语的
局限性，"这种将特殊主义价值与利益包装为普遍主义原则而推行的行为可能招致
人们的强烈反弹，并在反弹的过程中忽略普遍主义原则本身可能具有的价值"。[2] 因
此这种"普世价值"的意识形态化是得不偿失的。

四、小　　结

通过上述分析，笔者还原了一种具有活力的"非意识形态化"的自由主义思想
体系的真实面貌，其活力源于反对传统与依托传统，注重个人与关注社群，高扬理
性与重视经验，自由放任与国家干预，普遍主义与特殊主义之间所存续的思想张力。
这些思想张力的存在让我们看到了一个更为真实鲜活的自由主义思想体系。同样，
这些思想张力之间持久的争锋也让我们看到了其被意识形态化后所可能存在的危机。

---

[1]　对此，施特劳斯一针见血地指出，伯林用来支撑消极自由概念的相对主义价值观，恰恰是一种
绝对主义。而在其宣称所有价值都是相对的前提下，这种将消极自由作为一种绝对价值来捍卫的立场和其
主张是自相矛盾的。参见刘小枫：《刺猬的温顺——伯林和施特劳斯》，载萌萌主编：《启示与理性：从
苏格拉底、尼采到施特劳斯》，中国社会科学出版社 2001 年版，第 2 页。

[2]　李强：《自由主义》，中国社会科学出版社 1998 年版，第 265 页。

这种担忧绝不是无的放矢，作为自由主义权利话语之理论根基的个人主义、理性精神以及多元价值，在当代社会无不面临脱离其原初理论预设的危机：以"开明自利"为预设的温和的个人主义日益被"利他主义"的极端的个人主义所取代；以"理性的自我选择"为预设的带有道德期许的理性人，日益被"激情俘虏的理性"下的颓废的"末人"所取代；以"价值多元主义"为前提的对个人价值选择的尊重，日益被"价值虚无主义"下迷失了好坏、对错之人生方向的"诸神之争"所取代。而更为令人忧虑的是，这些弊病在秉承"权利优先于善"的自由主义权利话语那里似乎开不出可以化解的药方，反倒是被作为金科玉律般的教条尊奉起来，从而成为了一种"意识形态化"的权利话语。

可以说，源自西方的权利话语在历经数百年之后，已经成为西方世界笃信不疑，并在全球标榜的新宗教。但当人权变成拒绝怀疑的信仰，它在思想上就死了。人权本来的学理性被宗教性和政治性所掩盖，变成西方用来衡量其他文化体系的一种"政治正确"。因此，人权在理论上必须是开放的，必须是允许对话、辩论甚至是可以重新定义的。理论与政治的偷换弄脏了人权概念，只有在"去历史化"和"去西方化"后才可能建构具有主体的中国的权利话语。[1]第六章将针对这一问题进行学理性的思考与回应。

---

[1]　赵汀阳：《预付人权——一种非西方的普遍人权理论》，载《中国社会科学》2006年第4期，第17—19页。

第六章　转型中国权利话语的曲折变奏

中华文明至今五千年，计有"三大阶段，两次转型"，"三大阶段，亦即封建、帝制、民治是也。从封建转帝制发生于商鞅与秦皇汉武之间，历时约三百年。从帝制转民治则发生于鸦片战争之后……此一转型至少亦非两百年以上难见其功"[1]。我们今天正处在第二次转型这一"千年未有之大变局"时期。此次转型的关键在于民主和民治的中国道路的探索。对此，我们既需要取道西学，又必须关注自身的历史社会变量。

进言之，转型中国的美好生活需要立足于自身的传统，从中国社会转型的情境需要和问题意识出发，在重新阅读西方和重新认识中国的基础上展开。基于此，还原美好生活，尤其是支撑其实现的权利话语于西方历史语境中的社会背景、问题意识、理论贡献与局限，并将之对比于相应的中国语境便显得十分必要。在本书的前述章节，笔者做的正是这样一份关于自由主义及其权利话语的"思想史作业"。

然而，自由民主制度及其权利话语历经数百年洗礼，经历了由源起、发展、成熟到危机的曲折发展过程，也日益变得保守、僵化，终于成为了一种"意识形态化"的话语权力，也因此丧失了思想的活力。其在确立"权利优先于善"的现代政治原则的同时，也不可避免地在私人领域任由价值多元向价值相对，甚至价值虚无堕落。结果，权利优先颠覆了诸善为本，失去了善之引导的权利让美好生活变得很不确定，进而大大弱化了权利理论的价值。

而在救亡压倒启蒙的心态下，我们以往总是带着急于求成的心态按方抓药般地

---

[1]　唐德刚：《晚清七十年（一）——中国社会文化转型综论》，远流（香港）出版公司1998年版，自序第8—22页。

简单阅读和理解西方，这既遮蔽了西方现代性的内在张力，也忽视了中国现代性的复杂性。基于此，本章将首先通过权利话语兴起之西方经验的水土不服，彰显转型中国社会的特殊性，进而指出救亡压倒启蒙的心态使我们缺少阅读西方和认识中国的健康心态，并分析这一心态对转型中国追寻美好生活的历史进程所带来的影响以及重新阅读西方、重新认识中国的必要性。

一、"西方经验"与转型中国社会文化的特殊性

源于西方的现代化包含着一种支配性逻辑，并因而在全球范围内造成了一种同质化趋向，但这无法掩盖其原本也是一种地方性知识，也有其源头、语境、地域因素和问题意识。恰如亨廷顿所言：

> 关于社会变得富裕、平等、民主、稳定和自主的这种愿望，在学者和实际工作者中似乎存在着广泛的一致意见。然而，这些目标是从西方的，特别是从北欧人的经验中涌现出来的。它们是西方的目标……全世界政治上与学术上的精英分子对这些目标所表现的拥护，可能只是对知识上居支配地位的西方思想表示敬意，是非西方的精英分子接受洛克、斯密、卢梭、马克思以及他们在 20 世纪的追随者进行思想灌输的结果。这些思想在土生土长的文化中可能得不到什么支持。[1]

亨廷顿的这段话在笔者看来是为其文明冲突所做的注脚。非西方社会并非不需要社会变得富裕、平等、民主、稳定和自主这些愿望，只是不同的文化传统与社会结构，决定了西方历史经验在非西方社会追寻这些目标时，很难倒果为因并按图索骥地解决自身出现的相应难题。

在《人权的历史：从古代到全球化时代》（*The History of Human Rights: From Ancient Time to Globalization Era*）一书中，作者将现代性权利话语在西方社会的发展与传播归因于如下五点：宗教改革运动、现代科学发展、商业兴起与民族国家形成、

---

[1] ［美］塞缪尔·亨廷顿：《发展的目标》，载［美］塞缪尔·亨廷顿等著，罗荣渠主编：《现代化：理论与历史经验的再探讨》，上海译文出版社 1993 年版，第 354 页。

航海大发现所带来的财富积累以及作为社会变革中坚力量的中产阶级的崛起。[1] 接下来，以权利话语这一西方现代性最核心的价值作为切入视角，笔者将具体分析源自西方社会的历史经验作为一种"地方性知识"相对于转型中国社会历史进程的局限。

第一，问题意识不同：宗教改革与挑战回应。自由主义在欧洲发端的一个重要原因是 16 世纪宗教战争的灾难，而中国社会的转型与权利话语的引介却始于西方挑战下的被动回应。正如费正清所说："在我们的新大陆，我们帮助产生了近代世界；而近代世界却是被强加给中国人的，中国人不得不咽下去。"[2] 挑战与回应造成了西方现代性与中国文明之间的紧张对立关系，并使中国社会在转型伊始就被预设了一种以西方为标准的进步史观——凡主张西化即为进步，凡提倡本土化即为保守顽固，只有改变中国传统才能使中国进入现代。[3] 这既夸大了西方现代化对中国转型的借鉴价值，也贬低了中国传统之于中国现代的积极意义。

受此进步史观的影响，我们在引介自由主义权利话语伊始就不自觉地预设了两个前提：首先，权利话语对于中国现代进程是有积极意义的，甚至是具有无可置疑地正当性的，从而丧失了对其负面意涵的洞察和反思；其次，中国传统对于中国现代进程是弊大于利的，甚至是阻碍历史进步的巨大包袱。尽管一些知识分子（比如梁漱溟）试图创造一套独立于西方现代叙事的中国或亚洲现代性叙事，[4] 但在"救亡压倒启蒙"的大潮中，这都不是主流，因此在当时影响甚微。[5]

第二，文化取向不同："修天以顺己"与"修己以顺天"。新教改革颂扬个体价值，尊重个人选择与权利，而人性解放中释放出的理性之光，随后又照亮了科学发展的前路。反观中国社会，期待一场宗教改革或宗教再造运动都不现实。中国文化自有

[1]　Micheline Ishay, *The History of Human Rights: From Ancient Time to Globalization Era* (2 Edition), University of California Press, 2008, pp.65-69.

[2]　转引自王人博：《中国的民权话语》，载《二十一世纪》（网络版），2002 年 9 月号，总第 6 期。

[3]　汪晖：《现代中国思想的兴起》（上卷·第一部），生活·读书·新知三联书店 2004 年版，第 4 页。

[4]　汪晖：《现代中国思想的兴起》（上卷·第一部），生活·读书·新知三联书店 2004 年版，第 5 页。

[5]　在《启蒙与救亡的双重变奏》一文中，李泽厚先生将中国现代化进程中的启蒙运动的一波三折归结为"救亡压倒启蒙"："所有这些，都表明救亡的局势、国家的利益、人民的饥饿痛苦，压倒了一切，压倒了知识者或知识群对自由、平等、民主、民权和各种美妙理想的追求和需要，压倒了对个体尊严、个体权利的注视和尊重，国家独立富强，人民吃饱穿暖，不再受外国侵略者的欺压、侮辱，这个头号主旋律总是那样地刺激人心、萦绕耳际，使五四前后所谓的很多问题……都很快地被搁置在一旁，已经没有闲暇没有工夫来仔细思考、研究、讨论它们了。"李泽厚：《启蒙与救亡的双重变奏》，载李泽厚：《中国现代思想史论》，东方出版社 1987 年版，第 33 页。

其内在超越的路径，而不必诉求于超验的上帝来解决价值来源问题。中西文化对待人间秩序与道德价值源头问题的态度颇为不同。中国思想家并没有切断人间价值的超越性源头——天，但对其内容却需要自己去体认，正所谓"六和之外，圣人存而不论"；而西方却自始要在这个问题上"打破砂锅问到底"，以至于非逼出一个至善的"上帝"观念而不止。西方的超越世界外在于人，而在中国文化中，超越世界和现实世界是相互交涉而非泾渭分明的。[1] 而宗教在中国社会自始难有其在西方社会中的地位和作用，其道理也许与此有关，中国人以道德代宗教，不走外向超越之路径而反求诸己，以之作为一种人生态度，并于其间达致价值判断。[2]

　　与外在超越的路径相随，西方文化便有了注重形式化、具体化、逻辑化的取向。启蒙之后，科学的发展多与此有关，西方社会借此走上了"修天以顺己"的现代化之路，并于其间进一步促进了科学的发展乃至商业的繁荣；而取内在超越路径的中国人，能达致"内圣"之人鲜亦，更多的人，在农耕社会的"匮乏经济"面前，选择了"修己以顺天"，从而接受了"安于天命"，甚至"不思进取"的处世哲学，这种文化土壤自然难开出科学与商业文明之花。[3]

　　第三，社会情境不同：先发外生与后发内生。西方现代进程的开启与航海大发现及海上贸易相关，只不过其于西方的功绩恰伴随着中国的屈辱。西方用掠夺来的财富完成了工业化的原始积累，走的是一条"外生型"的现代化道路，而被奴役的"体质赢弱"的中国却不得不被迫走上"内生型"的现代化道路。

　　费孝通曾经这样描述过中国社会的转型：

　　　　不论是好是坏，这传统的局面已经是走了，去了。最主要的理由是处境已变。在一个已经工业化了的西洋的旁边，绝没有保持匮乏经济在东方的可能。适应于匮乏经济的一套生活方式，维持这套生活方式的价值体系是不能再帮助我们生存在这个新的处境里了。"悠然见南山"的情境尽管高，

---

　　[1] 余英时：《从价值系统看中国文化的现代意义：中国文化与现代生活总论》，载"文化：中国与世界"编委会编：《文化：中国与世界》（第1辑），生活·读书·新知三联书店1987年版，第44—51页。

　　[2] 梁漱溟：《中国文化要义》，上海人民出版社2005年版，第85—108页。

　　[3] 费孝通：《中国社会变迁中的文化结症》，载费孝通：《乡土中国与乡土重建》，风云时代出版社1993年版，第105—116页。

尽管可以娱人性灵，但是逼人而来的新处境已找不到无邪的东篱了。[1]

费孝通一番肺腑之言实则道出了一个现实 —— 情非得已但又不得不为，这便是中国现代进程的后发性。

其实，西方现代化不仅先发，还具有外生因素（航海大发现以及来自殖民体系的给养），这实际上与现代化的另一面相关，即在一个资源有限的世界，现代化的原始积累其实奉行的是先来先抢的逻辑。[2] 而中国之后发内生的现代化，则只能在外压之下，向内频频施压，且速度要快行动要准，因为四周豺狼环绕，虎视眈眈，此实乃资本文明原罪驱动下的必然，不进则亡。在此情形下，国内多为右派所诟病的迟缓的政改，不能说没有某种考量下的合理性，而生存权、发展权，亦同样具有某种意义上的合理性。[3] 其实，西方社会的民权运动也是在 20 世纪 60 年代才兴起的。在此之前，公民所享有的权利也多不能落实。而且，根据学者已有的研究，西方国家这一过程的开启，多与其基本解决了源自外部的压力，而专注于解决国内问题相关。但对于转型中国的现代进程，很多问题是"共时性"的，且还要不断面对民族国家所打造的森严壁垒及其对各自利益的或明或暗的争夺与博弈，这在一定程度上可以解释在中国现代化过程中一再强调的国家利益高于个人利益，发展稳定压倒一切的意识形态的合理性，其于人权的逐步实现与完善也必然难以如西方社会所愿，更不必说后者在批评背后所可能包藏的种种未必能见其光的权谋与祸心。

第四，承载主体不同：偏重个人与侧重集体。自由主义权利话语从诞生之初就主要将权利的主体聚焦于个人，无论是霍布斯的"自我保全"的权利、洛克的"财产权"、柏克的"追求幸福"的权利、功利主义对"偏好"的强调，还是当代自由主义者关于自由与平等的论争，都始终围绕着个人展开。这与转型中国现代进程中

[1] 费孝通：《中国社会变迁中的文化结症》，载费孝通：《乡土中国与乡土重建》，风云时代出版社 1993 年版，第 113—114 页。

[2] 当今世界一百年的回顾与展望，强者恒强，弱者恒弱，表现为一种先抢和后抢的关系。欧美帝国是先抢者，德日帝国是后抢者。冷战结束之后，欧美所宣传的全球化，实际上还是西方的全球化，特别是美国的全球化，他们所宣传的"新秩序"，完全是二战之前的那个旧秩序。世界强国的七加一会议，还是当年的八国联军。张木生：《改造我们的文化历史观——我读李零，乌有之乡》，http://www.wyzxsx.com/Article/Class17/200812/61886.html，最后访问时间 2016 年 4 月 1 日。

[3] 有关生存权和发展权的论述，最具代表性的中文著作参见韩德培、李龙主编：《人权的理论与实践》，武汉大学出版社 1995 年版；徐显明：《生存权论》，载《中国社会科学》1992 年第 5 期；汪习根：《法治社会的基本人权——发展权法律制度研究》，中国人民公安大学出版社 2002 年版。

更多的将权利主体聚焦于集体有所区别。而我们之所以将权利主体更多地聚焦于集体，既与转型中国现代进程的问题意识有关，与文化取向有关，也与当时的社会情境有关。具体来说，在"挑战—回应"的压力面前，面对亡国灭种的危险，我们首先强调的是一个国家的生存和发展，正所谓"救亡压倒启蒙"，启蒙价值宣扬的个人主义往往在救亡的压力面前退居其次，而代之以集体的生存和发展权。而我们的文化取向强调向内修己以顺天，强调人与人之间的和谐融洽，注重关系共同体以及居于其间的个人的责任和义务，这些也都不同于注重个人主义的西方权利话语。而就社会情境来看，后发内生性的现代化进程，更多时候需要的是一个强大国家的主导，需要将个人的力量和资源集中在一起调配以形成最大的合力，这些也都与个人主义格格不入。

第五，践行方式不同：自我行使与启蒙教化。自由主义权利话语的发展与市场贸易直接相关，而转型中国在此之前尚处在一个农耕社会，其所奉行的思维方式和行为模式均与之不同。因此，对于广大民众而言，权利为何物实是不知的，更遑论亲身践行了。权利话语在当时，更多来自知识精英的救亡图存。这便导致了两个问题：首先，这样的权利话语，其传播的方式，更多的是靠知识精英的自觉以及其对民众的灌输；其次，知识精英尽管意识到权利话语本身所蕴含的价值，但更看重这些价值可能带来的国家富强和民族复兴。因此，对权利话语的引介和使用便难免具有工具性的嫌疑，一旦有更好的方式可以实现他们救亡图存的目的，权利话语便可能遭到抛弃甚至背叛。这样，无论是精英还是民众，权利话语很多时候都是外在于他们的，而没有真正体认到其价值。很多国人至今尚难以辨别权利与权力的区别，往往只是在器用层面使用权利，这恰恰是权利话语的最大的弊病，即其所开启的政治享乐主义传统。

第六，对待传统不同：激进和保守共存与救亡压倒启蒙。自由主义权利话语自诞生伊始，作为一种反传统的传统，其思想中便一直存续着保守与激进、传统与反传统的张力。这种张力不仅体现在洛克对财产权的论述中，也体现在柏克对"幸福权"的解读中，还体现在休谟对理性的质疑以及密尔的"整全性道德理论"之中。而当代政治哲学思潮中的社群主义和共和主义都是从传统中汲取其养分，并用以批判自由主义权利话语的种种弊病。如果说，将自由主义传统看作一种反传统的激进传统，那么它与对它进行反思和批判的保守（古典）传统之间一直都存有融合和互动，而不是绝对割裂的。从这个意义上说，秉承自由和宽容精神的自由主义传统，一直都以开放的心态面对西方各种思潮的冲击和攻讦，并据以修正自身。也正是在这种理性的对话和平等的尊重的心态下，自由主义始终保有着理论上的生命力。而在近代中国，面对救亡压倒启蒙的严峻社会情势，我们却在急进的心态下，在权利话语的引介过程中，走了一条自我否定、自我怀疑的依附之路，不仅缺少对西方现代性的反思和批判，也缺乏对传统价值的包容和创造性转换，这一倾向直到近年来才有所改变。

二、转型中国权利话语的曲折变奏

上述中西方现代转型的社会文化差异在很大程度上塑造了转型中国权利话语的历史发展进程，并使之走过了一条"依附—反思—借鉴—自觉"的曲折道路。

第一，救亡压倒启蒙下的自我否定和依附。在物质和军事上遭遇西方之后，中国就彻底地改变了对世界的传统认知模式。汪晖将此过程概括为从"天理世界观"向"公理世界观"的转变。[1] 此时的中国不仅丧失了泱泱大国的政治权力，也失去了文化上的话语霸权。知耻而后勇的中国知识精英们，在西方强力和文明优势的双重示范效应面前，由被迫进而主动开始了"以夷为师"的反思图强过程。作为一种"救亡和自强方案"的权利理论，催动了中国有关权利话语的引介和使用，并促使其在知识界进而在治国方略中成为一种颇具吸引力的选择。然而，对比西方启蒙运动及自由主义权利话语的源起，我们不难发现，此一过程在西方的发展中多了对传统的小心翼翼和谨慎睿智，而缺少了外力的强制和知耻而后勇的救亡自强心态。正因为此，当权利话语被当作治病良方而为国人引介之时，也就少了几分冷静客观，多了几分急进和治病心态。正如李泽厚在《启蒙与救亡的双重变奏》一文中所说：

> 所有这些，都表明救亡的局势、国家的利益、人民的饥饿痛苦，压倒了一切，压倒了知识者或知识群对自由平等民主民权和各种美妙理想的追求和需要，压倒了对个体尊严、个体权利的注视和尊重，国家独立富强，人民吃饱穿暖，不再受外国侵略者的欺压、侮辱，这个头号主旋律总是那样地刺激人心、萦绕耳际，使五四前后所谓的很多问题……都很快地被搁

---

[1] 汪晖：《现代中国思想的兴起》（下卷·第一部），生活·读书·新知三联书店2004年版，第八章。

置在一旁，已经没有闲暇、没有工夫来仔细思考、研究、讨论它们了。[1]

基于此，王人博将西方权利话语与中国转型社会的遭遇、理解和被接受过程归结为一种"物境"使然，并阴错阳差地造成了对权利话语的器具性使用：

> "物境"（circumstances）一词是用来说明中国的民权概念、民权话语建构所因应的问题。民权话语在近代中国的形成、流行，并不是把民权作为一种制度性架构以解决国家权力的来源、归属和分配问题来看待的，而是首先把它设想为一种能解决中国国家和社会衰败、滞弱的器具。即是说，民权概念、话语在近代中国这个特定的时空中的形成并不是表明中国传统国家、社会已进化至接纳民权体制这样一种文明程度；恰恰相反，是因为中国在西方面前的"退步"、落后而需要民权的"疗效"。民权是中国遭受一系列挫折的产物，而不是进化的结果。[2]

在上述时代背景下，权利话语在引介伊始就预设了一种进步史观：凡主张西化即为进步，凡提倡本土化即为保守顽固。这既夸大了西方现代化对中国转型的借鉴价值，也贬低了中国传统之于中国现代的积极意义。这一倾向在胡适和罗隆基身上均有体现。

作为近代中国自由主义的代表人物和全盘西化论的提倡者，胡适对权利话语的理解与他对个人主义和法治[3]的推崇紧密相关。在《易卜生主义》一文中，胡适倡导一种健康的个人主义，他认为个人主义在当时社会是"最新鲜又最需要的一针注射"。

---

[1] 李泽厚：《启蒙与救亡的双重变奏》，载李泽厚：《中国现代思想史论》，东方出版社1987年版，第33页。

[2] 王人博：《民权词义考证》。载《比较法研究》2003年第1期，第7页。

[3] 在《人权与约法》一文中，胡适提出了对人权与法治关系的思考。概括起来，他的思想主要有两点：一曰伸张人权，一曰主张法治，以法治保人权是其人权思想的主旨。胡适的文章可谓抓住了转型中国权利话语的百年主题，对今人仍不失启迪。参见胡适：《人权与约法》，载罗隆基、胡适、梁实秋：《人权论集》，新月书店1930年版，第1—12页。对此，笔者并无异议，也不打算在本书中进行细致分析，而将主要把笔墨着力在胡适对个人主义的论述上。在后文中，笔者将结合罗隆基的人权理论，指出二人其实都没有脱离西方语境下权利话语的思考，也因此缺少对转型中国权利话语的想象力，而对传统的否定让他们缺少了据以凭借的思想资源和批判坐标。当然，我们并不能因此苛求前人，二人对权利话语在近代中国发展所做出的开创性功绩不容抹杀。

胡适指出，"社会最大的罪恶莫过于摧折个人的个性，不使他们自由发展"，充分发展自己的个性和人格，应当成为青年最重要的人生主张。发展个人的个性，既需要使个人有自由意志，也需要使个人担干系负责任。"个人若没有自由权，又不负责任，便和做奴隶一样……到底不能发展个人的人格。"一个自治的社会，一个共和的国家，都应当使个人有自由独立的人格，而这首先需要社会国家具有自由独立的人格，"社会国家没有自由独立的人格，如同酒里少了酒曲，面包里少了酵母，人身上少了脑筋，那种社会国家决没有改良进步的希望"[1]。

然而，胡适的个人主义式的权利话语面临着两个问题：首先，国家的自由独立人格和个人的独立自由人格之间的矛盾。胡适是个人主义的信徒，也是反国家主义的自由主义旗手，但是胡适也承认"社会国家没有自由独立的人格……那种社会国家决没有改良进步的希望"。随后的历史进程也印证了这一观点，恰是胡适所质疑的国家主义带领中国走出了任人宰割的困境。其次，在理论层面，胡适所提倡的个人主义在全盘西化的背景下何以发展成为健全的个人主义也令人疑惑。对此，前文已经论及了自由主义权利话语中这种原子化的个人主义、理性利己主义和脱离情境的自我所可能导致的个人主观价值领域的虚无主义。这样的个人主义所带来的更多的是享乐主义和末人时代的到来，而不是具有健全心智的个人主义。如果托克维尔为避免个人主义滑向利己主义和享乐主义所开出的那剂药方无错，即以"宗教—伦理与基层公共生活"纬度消解个人的精神虚空和伦理虚无病症，[2]那么儒家传统的内圣资源反倒可能成为一种有益的智识资源。只是在全盘西化论的激进大潮席卷下，传统又何以自持呢？

作为胡适发起的"人权论战"的主将，罗隆基的人权理论也不可不提。但总体而言，罗隆基的人权理论仍停留在对西方既有理论的引介层面。罗隆基主要从满足人的需要和幸福来解释人权的本原。他说"人权，简单地说，就是一些做人的权，人权是做人的那些必要的条件"。"说彻底些，人权的意义，完全以功用二字为根据。凡对于下列之点有必要功用的，都是做人的必要的条件，都是人权：①维持生命；②发展个性，培养人格；③达到人群最大多数的最大幸福的目的"[3]。进而，罗隆基开列

[1] 胡适：《易卜生主义》，载杨梨编：《胡适文萃》，作家出版社1991年版，第741—744页。
[2] [法]托克维尔，《论美国的民主》，董果良译，商务印书馆1997年版。
[3] 罗隆基：《论人权》，载罗隆基、胡适、梁实秋：《人权论集》，新月书店1930年版，第42页。

了三十五条他认为最重要的权利，全面阐述了他的人权主张。[1] 今天来看，罗隆基的人权主张基本上是西方自由主义权利话语的翻版，而罗隆基的问题也和胡适类似，主要有如下几点：首先，罗隆基用"达到人群最大多数的最大幸福的目的"来描述人权，但这种套用边沁的功利主义的论调，恰恰遭到了当代自由主义者的猛烈抨击。究其缘由，正在于功利主义的这种目的论潜藏着侵犯个人权利的危险。而在救亡压倒启蒙的情势下，这也势必为国家主义而不是个人主义的支持者们找到理据。其次，罗隆基也谈到"发展个性，培养人格"，但和胡适一样，罗隆基所建构的人权理论体系完全是西方式的，缺少中国自己的想象力。这使其同样无力摆脱权利话语在西方所面临的困境。

当然，我们不能如此苛求前人。尽管他们没有摆脱救亡图存的时代背景，对传统的怀疑否定和对西方观念的简单照搬让他们在理论引介上多了几分急进而少了几分审慎。但他们对权利话语在近代中国发展所做出的开创性功绩是不容抹杀的。在此，笔者无非是想指出不仅在当时，甚至在今天仍然掣肘我们建构转型中国权利话语的问题：要么在西方知识场域划定的范围内思考，要么在中国传统与西方现代的二元对立下思考，而受进步史观和科学主义的影响，这两种思考都预设了一个前提，那就是文化自否和文化怀疑主义，似乎唯有如此中国方有出路。

在当时的知识界，持此论调的大有人在。他们要么对西方理论缺少理解地全盘拥抱，要么对中国传统缺少审慎地全盘否定。这使他们失去了据以反思和批判西方

---

[1]　罗隆基开列的人权主要包括如下内容：国家的功用，是保障全体国民的人权。国家的主权在全体国民。任何个人或团体未经国民直接或间接的许可，不得行使国家的威权；法律是根据人权产生的。未经全民直接或间接承认的法律不应有统治全民的威权，同时全民没有服从的义务；人民在法律上一律平等。人民，因为在法律上一律平等，对国家政治上一切权利，应有平等享受的机会。不得有教条及政治信仰的限制。不得有社会阶级及男女的限制。国家一切官吏是全民的雇用人员，他们应向全国，不应向任何私人或任何私人的团体负责。国家官吏的雇用应采国民、直接或间接的选举法及采公开的竞争的考试方法。国家财政应绝对公开。凡国家对任何国民一切无相当酬报的强迫劳动，均为侵犯人权。人民在法律上一律平等，所以全民应受同样法律的统治。同时，法治的根本原则是一国之内，任何人或任何团体不得处超越法律的地位。凡有任何人或任何团体处超越法律的地位，即为侵犯人权。法治的根本原则是司法独立。无论何人，不经司法上的法定手续，不受逮捕、检查、收押。不经国家正当法庭的判决，不受任何惩罚。国家的海陆空军是全民所供养的，他们的责任在保护全民的权利，不在保护任何私人或任何团体的特别权利。国家军队应对全民负责。非经人民直接或间接通过，无论任何文武官吏，对内对外，不得有动员及宣战的行动。国家对国民有供给教育机会的责任。为达到发展个性，培养人格的目的，一切教育机关不应供任何宗教信仰或政治信仰的宣传机关。国民应有思想、言论、出版、集会的自由。参见罗隆基：《论人权》，载罗隆基、胡适、梁实秋：《人权论集》，新月书店 1930 年版，第 60—73 页。

现代性的思想坐标，从而也丧失了构建自身权利话语的想象力。在救亡和自强的心态下，此时国人对权利话语的使用带有明显的工具色彩。

第二，中西文化论战中的自我反思。面对西化论带来的负面影响，以梁启超、梁漱溟和张君劢为代表的具有保守主义倾向的知识精英，展开了对现代性的反思，并以此为契机，尝试确立中国文化对自身以及对世界的价值和意义。

这其中，梁启超提出的是一种调和的方案，"尽管梁氏批判了现代西方文明的种种弊端，但是，他的未来设想并没有脱离西方提供的现代性框架，也并未脱离他本人早期所倡导的改革理想"[1]。梁启超提出的文化方案是"拿西洋的文明来扩充我的文明，又拿我的文明去补助西洋的文明，叫他化合起来成一种新文明"[2]：

> 中国文化的重要性并不在于它是中国的，而在于它提供了克服现代文明危机的可能性……这种"心物调和"的哲学不仅与欧洲新思想相通，而且有利于整个世界克服现代文化的危机。通过中西文化的"化合作用"而构筑出一个新的文化系统，"叫人类全体都得着它好处"。[3]

与梁启超不同，梁漱溟是反对文化融合的。他认为"中国有自己的轨道，和西方完全不同"。[4]但梁漱溟同时也认为中国文化"如果不能成为世界文化则根本不能存在"。[5]而在他看来，西方现代文明中，以损害情绪为代价的"理智计算"会使人丧失完善的生活。"个人自利"带来的"冰冷的个人本位的计算"不但淹没了欣喜和热忱，也淹没了生活本身。而"西方的机器和资本主义"的机器生产和劳动分工

[1] 汪晖：《现代中国思想的兴起》（下卷·第二部），生活·读书·新知三联书店 2004 年版，第 1311 页。

[2] 梁启超：《欧游心影录》之"欧游中之一般观察及一般感想"下篇"中国人之自觉"，载《饮冰室合集》第五册，第 35 页；转引自汪晖：《现代中国思想的兴起》（下卷·第二部），生活·读书·新知三联书店 2004 年版，第 1313 页。

[3] 汪晖：《现代中国思想的兴起》（下卷·第二部），生活·读书·新知三联书店 2004 年版，第 1313 页。

[4] [美] 艾恺：《最后的儒家——梁漱溟与中国现代化的两难》，王宗昱、冀建中译，江苏人民出版社 1993 年版，第 85 页；See also Guy S. Alitto, *The Last Confucian: Liang Shu-ming and the Chinese Dilemma of Modernity*, University of California Press, 1986.

[5] [美] 艾恺：《最后的儒家——梁漱溟与中国现代化的两难》，王宗昱、冀建中译，江苏人民出版社 1993 年版，第 86 页。

会使人失去人性。[1] 其实，这种建立在抽象的"自我"之上，讲求物欲享乐、讲求"修天以顺己"的现代个人主义价值观，正是由霍布斯所开启的政治享乐主义传统带来的，而权利话语也正是其彰显存在和建构自身合法性的理论依凭。反观中国文化，则讲和谐、退让与妥协，不是将自己置于自然的对立面，而是与之相融，既不刺激也不压抑欲望，而是知足常乐。[2] 走的是一条"修己以顺天"的内圣之路。

这一"心性之学"在张君劢的"人生观"论说中得到了更为详尽的阐发。张君劢的"人生观"具有很明显的反科学和反技术化倾向，他的"心性之学"重新提出了"中国文化"解决个体生命意义的安立问题。[3] 这些传统价值，纵使不奢谈能拯救西方现代文明，但至少对当下中国社会因片面继受西方意识形态化的权利话语而带来的社会病症，具有积极意义。具体地说，儒家内圣之说强调修身，强调对欲望的节制和对自我心性的完善，这与主张内在自我对欲望控制的"积极自由"具有相通之处。[4]

依笔者之见，儒家传统的内圣之道、循礼守义和立人达人正可以消解片面强调"消极自由"式的权利话语所带来的虚无主义病症。但是，我们也不能否认儒家的内圣之说所可能带来的如"积极自由"所导致的那种不自由和强制。尤其是当这种适用于个人的伦理性理解进入政治领域，并作为一种绝对主义的价值规范为国家所主导和灌输时，所可能导致的专制和极权。但正如笔者前面所指出的那样，"消极自由"同样可能导致虚无主义的弊病。所以，如果我们不是把"消极自由"式的权利话语作为一种不需反思的理论预设，我们就能相对公允地看待儒家传统对转型中国权利话语建构的价值。

通过上述分析不难看出，尽管身处救亡图存的时代，当时的知识精英们并没有完全放弃对中国文化"主体性"的思考，也没有丧失对西方现代性的反思精神和批判的勇气。这在当时极为难能可贵，也对国人进一步思考权利问题提供了宝贵的财富。

第三，改革开放之后的全面引介。新中国改革开放的三十年，是权利话语发展

---

[1] ［美］艾恺：《最后的儒家——梁漱溟与中国现代化的两难》，王宗昱、冀建中译，江苏人民出版社 1993 年版，第 90—95 页。

[2] ［美］艾恺：《最后的儒家——梁漱溟与中国现代化的两难》，王宗昱、冀建中译，江苏人民出版社 1993 年版，第 96—97 页。

[3] 张君劢：《人生观》、《再论人生观与科学并答丁在君》，载吕希晨、陈莹选编：《精神自由与民族文化——张君劢新儒学论著辑要》，中国广播电视出版社 1995 年版，第 1—10 页。

[4] 夏勇：《中国民权哲学》，生活·读书·新知三联书店 2004 年版，第 152—158 页。

的最令人欢欣鼓舞的三十年。然而，历史似乎在这里走了一个轮回，"全盘西化论"再次以"现代化范式"的面貌出现，成为学界的主流倾向。恰如甘阳所坦诚的那样，改革初期思想解放的基础是"从改革前简单地彻底拒斥西方，转向全面接受甚至崇拜西方的现代化模式"。[1] 在这样一种思想状况下，中国知识分子常以西方现代社会及其文化和价值为规范，批判自己的社会和传统，并建立起了分析中国问题的"中国／西方"、"传统／现代"的二元对立语式。[2] 而在这种"现代化范式"的逻辑下：

> 中国论者毫无批判地向西方移植观念和引进知识，便被视为合理的甚或应当的……它致使中国论者有关中国发展的研究及其成果都必须经过此一"现代化范式"的过滤或评判，亦即依着"现代化范式"对这些研究及其成果做"语境化"或"路径化"的处理，进而使这些研究及其成果都不得不带上此一"范式"的烙印。[3]

这种"现代化范式"自然也影响到了学界对权利的研究。在与"阶级斗争范式"的争论中逐渐形成的"权利本位"论，便多少受到了"现代化范式"的影响。[4] 权利本位论的基本思想可以概括为"权利先于功利、权利先于义务、权利先于权力、权利先于立法"，以此来凸显权利在价值排序上的重要性。[5] 四者之中，"权利先于义务"尤其重要，它对权利范式取代阶级斗争范式，推进社会主义法制建设起到了重大作用。不过"权利本位"在如下几个方面却存在可商榷之处。首先，权利本位论

---

[1] 刘擎：《中国崛起与文化自主》，载《中国社会科学辑刊》2009年12月（总第29期），复旦大学出版社2010年版。

[2] 汪晖：《当代中国的思想状况和现代性问题》，载汪晖：《去政治化的政治》，生活·读书·新知三联书店2008年版，第60—61页。

[3] 邓正来：《中国法学向何处去——建构"中国法律理想图景"的时代论纲》，商务印书馆2006年版，第107页。

[4] 邓正来在批判"权利本位论"时指出，正是因为受到"现代化范式"的支配，致使"权利本位论"论者所提供或所努力提供的乃是一副既非源于"中国现实生活世界"又不是建构在"中国现实问题"之上的"西方现代的"法律理想图景。邓正来：《中国法学向何处去——建构"中国法律理想图景"的时代论纲》，商务印书馆2006年版，第75—76页。

[5] 黄文艺：《权利本位论新解——以中西比较为视角》，载《法律科学：西北政法学院学报》2014年第5期。

仍然没有摆脱"现代化范式"的支配，其所提供的仍然是一幅"西方现代的"法律理想图景。[1]其预设的进步史观可能会有意无意地消解对中西古典资源的借鉴。其次，"权利本位论"认为权利更真实地反映了法的价值属性，更直接地体现着法的价值，但同时又将这种权利化约地理解为利益。[2]而这其实削弱了权利一词应有的理论厚度。最后，"权利本位论"将传统法律简单地理解为义务本位，[3]而忽略了与这一义务相配套的礼仪教化和心性培养原本是一个整全体系的存在。这种化约式的理解恰恰忽略了原本可以矫正现代权利话语的智识资源。

历史总是惊人的相似，以理性化、进步史观和普遍主义为特征的现代化范式，借助改革大潮下资本文明及其运作模式的狂飙突进，又一次在中国思想界成为主流。但"西方现代化模式"在中国胜出的同时，我们却成了"异己文明"的载体，虽然走向富强，却正在丧失文化的自主性，而且还陷入了西方现代性的精神危机。在这个意义上，我们迫切需要对塑造权利研究的这种忽视文化主体性的"现代化范式"展开反思：

> 在欧风美雨的疾打下，许多人在比较和反省中国固有文化传统的过程中，渐渐丧失了文化的自信，乃至自觉不自觉地以背祖为荣，以挞故为快，以西式为主，以本土为辅，终致不能从自己的文化上回答民之所本、民权之所本是什么。这种由在权利的超越证立上所遇到的理论挫折所引发的文化反省，是深刻的、值得尊敬的，但它也往往为民权立法在政治体制上不能落实给予廉价的文化开脱，并由于越来越少国学文化根底的文化比较和反省的盛行，把比较当作单方面的缺乏，使得文化主体的意识和能力遭受进一步的弱化。[4]

不可否认，中国没有支持自然法的基督教文化背景，没有塑造权利文化的罗马

---

[1] 邓正来：《中国法学向何处去——建构"中国法律理想图景"的时代论纲》，商务印书馆 2006 年版，第 75—76 页。

[2] 张文显、于宁：《当代中国法哲学研究范式的转换：从阶级斗争范式到权利本位范式》，载《中国法学》2001 年第 1 期。

[3] 比如张文显认为"古代法是以义务为本位，现代法是以权利为本位"。张文显：《法哲学范畴研究》，中国政法大学出版社 2001 年版，第 342 页。

[4] 夏勇：《中国民权哲学》，生活·读书·新知三联书店 2004 年版，第 44 页。

法学渊源，千百年来作为中国人行为准则的"纲常名教"也缺少平等、自由、民主的精神。然而，"中国的文明传统无论过去还是现在，都的确很不同于西方，两者的差异不可以简单地套用西方的历史谱系来比较，更不可以在西方文明中心主义的前设下把差异看作单方面的缺乏"[1]。而在文化比较研究中，我们应该改变差异就是缺乏，而缺乏就要向先进学习的自卑心态。

儒家行仁政，是否可以成为为每个人设定最低限度的权利，以保护人之为人的尊严和自由，尤其是社会弱势者权益的理论资源？儒家讲信义，是否可以作为法律与道德互补互促，恪尽职责并增享权利的理论资源？儒家谈内圣超越，是否可以成为尊重他人，克制自身的理论资源？这些都应该是我们在建构自身权利话语时需要再度问题化的问题。而这需要我们建构一种反思性的维度，对那些既有的流行解释"再问题化"，将"中国的现代性"从"西方化"的普遍叙事中剥离出来，去重新发现和理解"中国要素"，并由此打开对未来之中国道路及其对世界文明之意义的新的想象空间。[2] 所幸的是，已经有人开始这么做了。

第四，权利哲学的自主性理论建构。在近年兴起的权利哲学的自主性理论建构中，"民权说"具有一定的代表性。它力图识别和利用传统民本观念中的权利成分及其流变，在继承和重述古代民本思想的基础上，把以民为本的民本论转变为民之所本的民本论，把他本的民本论转变为自本的民本论，把以民为手段的民本论转变为以民为目的的民本论。[3]"民本思想起源于《尚书》'民惟邦本'之语，后经儒家继承而发扬光大之"。[4] 在夏勇看来：

> "民惟邦本"，是一个关于价值法则和政治法则的判断，也是一个关于人民主体资格的判断，还是一个关于政治合法性的判断……正是基于这样的合法性观念，儒家得以通过义利之辩来抑制统治者的特权利益，在王霸之争上贵王贱霸，在君臣之际上提倡从道不从君。[5]

---

[1] 夏勇：《哈哈镜前的端详——哲学权利与本土主义》，载《读书》2002 年第 6 期，第 21 页。

[2] 刘擎：《中国崛起与文化自主》，载《中国社会科学辑刊》2009 年 12 月（总第 29 期），复旦大学出版社 2010 年版。

[3] 夏勇：《中国民权哲学》，生活·读书·新知三联书店 2004 年版，第 2 页。

[4] 金耀基：《中国民本思想》，法律出版社 2008 年版，第 1 页。

[5] 夏勇：《中国民权哲学》，生活·读书·新知三联书店 2004 年版，第 8 页。

中国儒家的民本思想，胎息于《尚书》，孕育于《孔子》，而通过孟子的仁政思想得以系统阐释。"民贵君轻"说将民之尊贵、尊严、不可侵辱视为天理，并通过民视、民听得以显现、落实，并将政治合法性建基于人民身上。秦汉以降，虽反民本之法家思想大盛，而董仲舒阐明天人之际，以天限君，暗神贵民之意。[1] 其后，专制局面日紧，民本思想日泯，及至明清之际，黄梨洲反对"君主民客"而唱"民主君客"的宏论。其后，梁启超、谭嗣同、孙中山等人持民权共和之说，于晚清思想巨变功莫大焉。可以说，民本思想源远流长，声势浩阔，贯穿中国历史大地之心，实是中国政治思想的主流。[2]

然而，传统的民本学说还缺乏明确的作为制度操作概念的民权，中国古代政治思想在价值法则方面倡导以人为本，在政治法则方面倡导人民主权，但却缺乏相应的程序法则：[3]

> 孟子仅言"保民"，言"救民"，言"民之父母"，而未尝言民自为治，近世所谓 of people, for people, by people 之三原则，孟子仅发明 of 与 for 之二义，而未能发明 by 义。[4]

但是，古代民权思想与近代民权思想的区别，并不是有无的区别，而是多少的区别。民本思想得以缓解专制，得以被认作"民治之始"很大程度上是因为民本精神里含有民权的因素。[5] 而建构明确的作为制度操作概念的程序法则，将民有、民享转化为制度化的民治、民权则是"转型"的应有之意。正所谓，"德政在制，制涵

---

[1]　对此，夏勇颇有异议，在他看来，董仲舒的天人之际，屈民而说天，把民众反抗暴政的天然权利换作天人感应的符兆灾谴，把天民相通换作天君相通，泯灭了先秦儒学中仅有的民众政治权利之光。参见夏勇：《中国民权哲学》，生活·读书·新知三联书店 2004 年版，第 15 页。但是，考虑到那个时代倡行的是法家的霸道，暗神贵民之意或许为策略使然，而且人类社会在此一时期均表现出神权政治特征（中西皆然），董仲舒的"天人之际"仍不失其时代的进步性。因此，笔者认同金耀基的论述。参见金耀基：《中国民本思想》，法律出版社 2008 年版，第 3 页。

[2]　金耀基：《中国民本思想》，法律出版社 2008 年版，第 3—5 页。

[3]　夏勇：《中国民权哲学》，生活·读书·新知三联书店 2004 年版，第 18 页。

[4]　梁启超：《老孔墨以后学派概观》，第 37 页，转引自夏勇：《中国民权哲学》，生活·读书·新知三联书店 2004 年版，第 19 页。

[5]　夏勇：《中国民权哲学》，生活·读书·新知三联书店 2004 年版，第 21 页。

社会"，而"民性养于制度，民权存乎社会"[1]。

除了制度建构，民权说的另一个理论抱负是培育"民性"，不过该理论并未在此着墨太多。其实就权利所许诺的美好生活而言，这一点尤为重要，毕竟制度的正义只能保证个体有选择过什么生活的能力和自由，而这仅仅是美好生活何以可能的充分而非必要条件。自由主义对何为美好生活的沉默虽然照顾了现代社会多元价值共存的需要，但也为价值相对滑向价值虚无埋下了隐患。在这个意义上，我们所讲的民性，当不同于自由主义权利话语中的那种原子化的、理性经济人的预设，而应内涵有中国传统所倡导的民风、民德。我们的民性也不应仅仅养于西方图景式的制度建构，而应有转型中国自身的想象和空间。同样，转型而未定型的社会，也为我们思考权利话语提供了一个更为开放的社会实践和文化自新的场域，但前提是我们要深刻认识这个转型社会，以及其中所蕴含的可能建构民权，孕育民性的"本土资源"。

有感于此，夏勇与其同行们开展了另一项理论探索，即一种"走向社会的权利理论"的尝试，而《走向权利的时代——中国公民权利发展研究》（以下简称《权利》）是这一尝试的作品。在该书绪言中，夏勇这样写道：

> 描述和解释权利的发展，似乎不像描述和解释一份宣言、一部法律或一个事件那样简单。它要求对社会变迁和其中所包含的与权利相关的伦理的、政治的、经济的、文化的多种因素有一种深邃而明晰的把握，要求有一种社会发展的视角……权利的发展和社会的发展是互动的……从社会阐释权利，从权利阐释社会，无疑是一种极富诱惑和挑战的学术取向。[2]

《权利》一书的意图设定是"通过描述和解释当代中国人权利的发展来把握中国的社会发展"，[3] 并通过更加明智地加强权利保护来促进社会发展，谋求更多的社

[1] 夏勇：《中国民权哲学》，生活·读书·新知三联书店 2004 年版，第 54 页。
[2] 夏勇：《走向权利的时代——中国公民权利发展研究》，中国政法大学出版社 1999 年版，第 31—32 页。该书是当时为数不多的联系经验与理论的权利研究尝试，在这个意义上，笔者将之称为"走向社会的权利理论"的尝试，对此，夏勇称之为"走向一种权利的社会理论"。参见夏勇：《走向权利的时代——中国公民权利发展研究》，中国政法大学出版社 1999 年版，第 31—40 页。
[3] 邓正来：《中国人权利发展研究的理想与现实——评〈走向权利的时代——中国公民权利发展研究〉》，载《中国法学》1996 年第 1 期，第 113 页。

会正义。在这个意义上，《权利》一书对权利和社会的研究是一种双向互动的预设，既试图透过权利研究来认识和解读中国社会的发展，也试图透过这种对社会发展的再认识廓清权利发展的问题、局限和可能的完善路径，从而更好地服务于权利的保护和实现。[1]

《权利》一书的积极意义在于将原本武断地从整体的社会发展网络中抽象出来而置于法律领域予以孤立探讨的权利问题，重新放进整个中国社会变迁的视野下进行考量，并在法学界已有的对权利的抽象理论研究以及历史性描述之外，开辟了对权利进行社会学分析的可能。[2] 而《权利》一书所存在的主要问题有：过于强烈的理论预设，对权利所持有的进步史观，对西方理论的普遍主义理解，对本土的地方性知识的西方理论注脚般的解读以及据此的命题作文式地取舍和解释材料以迁就理论预设等问题，这些问题即便在今天仍然值得重视。[3]

三、小　结

与西方相比，转型中国的权利话语走过了一条曲折的求索之路，经历了从依附、反思、借鉴到自觉的发展过程。其未来发展必然是在中西融合的基础上走一条基于中国主体性的道路。毕竟权利话语在西方社会生根的重要原因是因为它契合了西方的历史、文化情境。虽然全球化已经使整个人类的生活世界变得更加同质，但这并

---

[1] 对此，夏勇在《权利》一书的绪论中已有所表述，"权利的发展与社会的发展是互动的"，"重要的是我们如何通过描述和解释中国人权利的发展，来理解中国社会道德、法律和社会体制的变化，并且从这种理解中得出清晰的判断，以便更加明智地通过加强权利保护来促进社会发展，通过社会发展来谋求更多的社会正义"。夏勇：《走向权利的时代——中国公民权利发展研究》，中国政法大学出版社 1999 年版，第 32 页、第 38 页。

[2] 邓正来：《中国人权利发展研究的理想与现实——评〈走向权利的时代——中国公民权利发展研究〉》，载《中国法学》1996 年第 1 期，第 114 页。

[3] 对《权利》一书的上述批评，在邓正来的文章中已经委婉地道出，而苏力的批评则更加直言不讳。参见苏力：《读〈走向权利的时代〉——兼论中国的法律社会学研究的一些问题》，载《中国书评》1996 年 5 月（总第 10 期）。当然，就夏勇的回应来看，如果该书后来将研究的重点放在"从社会发展角度具体研究权利观念、权利体系和权利保护机制"，而不是对社会和权利发展的互动模式的法社会学论证上，那么，这些批判多少对该书提出了过高的要求。参见夏勇：《批评本该多一些——答谢·反思与商榷》，载《中国书评》1996 年 5 月总第 10 期。不过，该书所表现出的这些在社会学研究中容易出现的问题，还是值得我们关注的。

不足以消弭各文明的特质，中国文化中的很多价值仍然是我们已先在嵌入而无法走出的背景。更何况，这些资源在某种程度上还是我们可能克服权利话语之弊病的良药。基于此，本书第七章试图阐明转型中国权利话语建构的基本路径，这一话语将为命定无法走出自身社会文化情景，又置身于现代文明之中的中国人提供政治／伦理生活的另类诠释。

第七章　转型中国权利话语的文化想象

　　当下中国处在一个必须认真对待权利的时代。如何批判地借鉴西方权利理论资源，如何基于中国现实建构具有主体性的权利理论，直接关系到每个人如何运用自己的权利实现可欲的美好生活。在前述章节中，通过深入中西各自语境探讨权利话语发展的时代背景、问题意识和理论得失，笔者完成了对中西权利话语历史发展的梳理。

　　我们发现，自由主义所主张的"权利为本"的现代性是以颠覆"诸善为本"的自然传统为代价的，这不仅是价值观的变化，而是对任何价值釜底抽薪的消解。[1]而自由主义在"个人层面"和"国家层面"所坚持的两个基本原则——"脱离情境的自我"和"国家中立性"，也使其无力走出享乐主义和消费主义的欲望陷阱，从而克服其理论自身所埋下的虚无主义的隐患。而转型中国的权利话语则走过了一条更为曲折的求索之路，经历了从依附、反思、借鉴到自觉的发展过程。其未来发展必然是在中西融合的基础上走一条基于中国主体性的道路。在这个意义上，转型中国的权利话语需要对自由主义权利话语的两个基本原则在当下所面临的困境做出合理的回应。具体而言，首先是对自由主义权利话语之存在论基础的"个体"观念进行反思，并试图从"人际互动的关系型事实"的角度重新看待权利；其次是对消极自由与国家中立性进行反思，在倡导"理性对话"和"平等尊重"的前提下，探寻国家中立性原则的限度和可能的想象空间。

　　本章将通过对上述两个问题的思考，提出一种转型中国权利话语的文化想象，

---

[1]　赵汀阳：《预付人权——一种非西方的普遍人权理论》，载《中国社会科学》2006年第4期，第22页。

笔者将之称为"社会儒学的社群路径",希望能以此扩展中国未来的权利话语建构的理论选择空间。

一、权利话语的困境与中国传统的智慧

关于自由主义权利话语所带来的虚无主义困境,赵汀阳的一段总结颇为精彩:

> "权利为本"(right's based)的现代性颠覆了"诸善为本"(virtue's based)的自然传统,把"善者优先"的秩序颠倒为"权利优先",这不是价值观的变化,而是对任何价值釜底抽薪的消解。列奥·施特劳斯早已发现这个"现代自然权利论的危机"。自然权利(natural right,即天赋人权)据说源于"自然法"(natural law)的"自然正当性"(natural right),但由自然正当性变成自然权利是一次偷换性的颠覆,因为自然正当性是以"诸善为本"的,这与自然权利以"权利为本"恰好相反,因此,自然权利反而是"自然不正当"。施特劳斯认为只要是"权利优先",就必定导致价值虚无主义,因为只要否定了诸善的优先地位就等于取消了所有价值。价值由诸善所定义,如果权利优先于诸善,权利的正当性又能以什么为根据呢?它或者无根据或是任意的根据。这个列奥·施特劳斯问题提醒我们:当不再以诸善作为依据,就不再有任何正当性的依据了……[1]

这便是自由民主制度"消极自由"理念下的国家观,这一观念认为人的偏好是既定的(先于政治过程),无贵贱之别,不可改变也不应改变。道德归道德,政治归政治,把道德引入政治是玩火。[2] 因此,国家应该对个人德性的养成秉持中立性原则。现代社会讲求政教分离而有别于传统社会的政教合一正是基于这种考量(自由

---

[1] 赵汀阳:《预付人权——一种非西方的普遍人权理论》,载《中国社会科学》2006年第4期,第22页。
[2] 翟小波:《自由主义民主之反思》,载《中外法学》2009年第1期,第117页。

民主制度的起源正是与宗教迫害相关），而权利这一内涵价值存疑[1]的话语体系俨然成为了新的宗教，其与国家中立性的相互呼应，释放了个人所潜在的欲望、需要和自我中心意识。欲望膨胀导致权利的膨胀，最后权利可能会挤爆生活空间，带来权利反对权利的战争。[2]

面对权利话语的困境，一些西方学者试图建构一种"古典政治哲学的批判维度"，这其中的主要代表人物是施特劳斯。施特劳斯的尝试在中国也收获了颇多认同，刘小枫对此有一个解释和回应：

> 中国的启蒙主义者最终得面对这样一个问题：中国之"道"与西方之"道"的关系……施特劳斯的"古典政治哲学"让我们懂得，中国之"道"百年来面对的仅仅是西方的现代之"道"，而非西方的古典之"道"，使我们得以摆脱以现代西方之道来衡量中国古典之道的习惯立场，摆脱现代西方文教体系中的种种"盲目而热烈的"政治想象……施特劳斯所倡导的"古典政治哲学"与中国学界百年来引介过的任何一种西方学说都不同：它既非"主义"论说，也非一种"新的方法论"，而是一种学问方向，甚至更准确地说是一种古典心性。施特劳斯进入中国，其实是古典心性的相逢：在近三百年来的西方、近百年来的中国，这种心性流离失所，丧失了自己

---

[1]　在赵汀阳看来，因为"权利为本"的现代性颠覆了"诸善为本"的自然传统，一向冠冕堂皇的人权根本没有价值依据。参见赵汀阳：《预付人权——一种非西方的普遍人权理论》，载《中国社会科学》2006年第4期，第22页。在笔者看来，赵汀阳的论断过于极端，这也是笔者主张区分人权和权利的应由。本书也不准备挑战作为"人之为人"所必不可少的某些"权利"（人权）的正当性存在，但对天赋的所谓"自由、财产权和政治自由（政治权利）"却保持存疑。这一存疑不是否定，而是就是否无条件的天赋的这一没有限度的主张存疑。对之同样存有质疑的论著可以参见 Stephen Holmes, Cass R. Sunstein, *The Cost of Rights: Why Liberty Depends on Taxes,* W. W. Norton & Company, 1999；中译本参见［美］霍尔姆斯，［美］桑斯坦：《权利的成本——为什么自由依赖于税》，毕竞悦译，北京大学出版社2004年版。

[2]　玛丽·安·格伦顿在《权利话语：穷途末路的政治言辞》曾这样描述权利话语的负面效应："'权利间的相互对峙'形成的法律僵局；'责任话语的缺失'导致整个社会变成了陌生人的乐土；'对传统的背离'，将政治言论演变成为了一场不负责的'脱口秀'，从而扼杀了普遍对话的机会，损害了有序自由所赖以存在的基石。"［美］玛丽·安·格伦顿：《权利话语：穷途末路的政治言辞》，北京大学出版社2006年版，译者序言第1页；See also Mary Ann Glendon, *Rights Talk: The Impoverishment of Political Discourse*, The Free Press, 1991, pp.75-77.

的家园……施特劳斯这个西方人却有可能教会我们，不要用西方人的现代尺度来度量我们中国的古典教诲……[1]

一句"古典心性的相逢"道出了中西古典政治哲学的契合，即对"德性/知识"的关注和对"善何以优先于正当（权利是正当的具体化）"的思考，[2] 而对这些问题的忽视直接导致了权利话语的虚无主义困境。

如何走出这一困境，施特劳斯给出的药方是西方古典政治哲学。然而，正如本书前述章节所指出的，西方古典哲学批判维度的建构，恐怕难以解决权利话语的虚无主义弊病。而作为一个文明古国和崛起中的大国，中国需要在这克服这一困境的问题上承担自己的责任，并满足世界对中国的期待。在这个意义上，复兴中国古典政治哲学，并从中找到化解自由主义权利话语弊病的启发或许是一条可行的路径。具体而言，儒家强调从"人际互动的关系型事实"入手来理解人之为人的意义，这可以用来反思自由主义权利话语之存在论基础的"个体"观念。而社会儒学作为儒家义理生发和传承的有效途径，则既可以避免国家强制推行某一价值所带来的不自由，也可以矫正国家在价值领域消极无为所导致的价值混乱状况。接下来，笔者将一一展开这些内容。

二、权利话语的元理论困境与心性儒学的启示

如果没有他人，根本不存在权利问题。这表明在存在论基础上，权利应该被置于"人际关系"层面，而不是"个人"的层面来理解。"人际关系"而不是"个人"或许是理解权利的存在论基础的一个必要补充。在此，笔者对赵汀阳的观点进行了修正。在他看来，"人际关系"而不是"个人"，才是人权的存在论前提，人权问题必须落实在人际关系上去分析。更为极端的是，他认为权利的合法性不应该落实在个人身上，而是落实在关系之中。权利是他人所承认的责任的对应形式，没有他人的承认，权利就没有合法性。[3] 在笔者看来，这一观点过于极端，从关注个人到倚

---

[1] 刘小枫：《施特劳斯与中国：古典心性的相逢》，载《思想战线》2009 年第 2 期，第 65 页。

[2] 在笔者看来，这便是甘阳、刘小枫所谓"太阳底下没有新东西"的缘由。参见甘阳、刘小枫：《重新阅读西方》，载《南方周末》2006 年 1 月 12 日 D30 版。

[3] 赵汀阳：《预付人权——一种非西方的普遍人权理论》，载《中国社会科学》2006 年第 4 期，第 24—25 页。

重群体，是从一个极端走向另一个极端，后者极有可能演变为强制和压迫，从而剥夺个人所应享有的自由。因此，笔者主张以一种在"人际关系"和"个人"之间的调和论来理解"权利"。

在展开论述之前，我们还是先看看自由主义权利话语在存在论基础上的元理论困境（这一论述主要受到赵汀阳的启发，而笔者则以相对中庸的姿态对之做了调和），这一困境也是虚无主义的病灶所在。"个体"如果用来指示事物，或许是一个合适的存在论标志，但却不能正确表达人的存在性质，而毋宁是对人的非法删减。因为，"个体"更适合表达人的身体性存在，而不能表达其精神性存在："我的情感"必须是"及物的"，即"涉及他人"的，因此，"我的情感"并不是一个限制在"个体"之内的事实，而是一个属于人际互动空间的关系性事实。在这个意义上，孔子用仁（二人）来解释人所以为人，其深意就是要在"关系"中去理解人。[1]

在这个意义上，自由主义权利话语将存在论的基本单位选定为"个人／主体"是值得商榷的。就生物意义上存在的个人而言，欲望、需要和自我的中心意识是人之为人与生俱来的，如果把个人之所欲不加反思（比如天赋人权）地看成对权利的"合理主张"，强行地从"个人"推出权利，那么就有可能打开个人欲望的闸门。[2] 在这个意义上，霍布斯被看作政治享乐主义传统的开启者。以生物意义上之存在的"个人"推出权利还有一个危险，那就是这一"个人"的存在本身并不包含任何限制性的理由，而如果人什么都想要，什么都可以宣称为权利，欲望的无限膨胀必然导致权利的无限膨胀，最后，不仅会造成权利反对权利的局面，还可能造成社会无法承担权利无限扩展的困境。正是基于此，我们应该重新看待"人"这一概念。

自由主义权利话语过于注重人的自然属性，即"所是"（is），而一定程度上忽略了人的社会属性，即"所为"（do）。如果说，人的存在方式是要有意义地"生活"而不是生物学意义上的"活着"，那么，人的存在场域就应当远远溢出其身体之外，而应在人与他人的相互关系中被理解和完善。更具体地说，如何规划自己的伦理性的自我理解离不开对如何善待他人的道德的体认。人的概念应该是"道德人"与"生物人"的结合。仅仅具有"生物人"的体征而缺乏"道德人"的伦理规划，不仅会

---

[1] 赵汀阳：《预付人权——一种非西方的普遍人权理论》，载《中国社会科学》2006 年第 4 期，第 24 页。

[2] 赵汀阳：《预付人权——一种非西方的普遍人权理论》，载《中国社会科学》2006 年第 4 期，第 25 页。

败坏道德，最终还可能会破坏人的概念。进言之，德性也是定义人的概念所必需的条件，而仅仅把人的概念的标准降低到生物学指标，是对人的行为价值的彻底贬低，是在否定人的德行和高尚努力。人是做成的，而不仅仅是本然的存在，在自然上是一个人并不等于在道德上做成一个人。"道德人"的意义在于还原了人的概念原本所具有的丰富内涵。[1] 只有把人的概念与美德联系起来，与人类社会所需要的优越情感联系起来，才能够使人的概念变得完整。

论述至此，我们不妨回头看看古人的教诲。儒家内圣之说强调修身，强调对欲望的节制和对自我心性的完善：

> 中国传统政治追求的是礼法政治，不是约法政治。礼法政治之精义有三点值得注意，一是内圣外王，二是循礼守义，三是立人达人……儒家要求人人循礼，最终是要通过礼的潜移默化，使每个人都能够具备一个完整的道德人格……按照儒家的理念，循礼守义是自我修养的要求，它所预设的是与天地相通的理想人格，而不是天赋的个人权利。人与人的关系不应该是一种相争相索的利害关系，而应该是一种互爱互助的道德关系，人和人要以心换心、德德相合，不要以利换利、计较得失……中国文化里的个体人，是内省的、让与的、利他的、与人和谐的道德主体，不是外制的、索取的、利己的、与人争斗的利益主体。[2]

如果说夏勇理想化了儒家内圣之学的循礼守义（如何规划自身的伦理）、立人达人（如何善待他人的道德），那么，我们至少无法否认儒家传统的内圣之道、循礼守义和立人达人对于消解由片面强调"消极自由"带来的虚无主义病症具有一定的积极价值。进言之，儒家的心性儒学既有对如何规划自身的伦理性自我理解问题的思考（循礼守义），也蕴含着推己及人的仁学对如何善待他人的道德的规劝（不忍人之心、立人达人），二者结合表述了一种和谐的人际关系和内涵丰富的人的概念，

---

[1] 赵汀阳认为，现代哲学家总是忽视了这样的事实，即省略掉人性的丰富性，把太多的可能生活忽略不计，这样的理论无法应付各种可能的困难，而权利表达的是人们的要求，而人的要求实在太多，世界和生活根本无法支付那么多要求被普遍化的权利，世界和生活会被太多的权利压垮。参见赵汀阳：《预付人权——一种非西方的普遍人权理论》，载《中国社会科学》2006 年第 4 期，第 22 页。

[2] 夏勇：《中国民权哲学》，生活·读书·新知三联书店 2004 年版，第 152—158。

其对自由主义权利话语下那种单薄之人（生物人）的完善是有积极意义的。

其实，这一论述多少有些老生常谈。关键的问题在于，在社会转型的激烈动荡过程中，社会情境、经济运作、生活方式和教育模式已然发生了天翻地覆的变化。心性儒学在中国传统社会的生根源于政治上的政教合一、经济上的农耕自足、社会上的熟人乡土、法律上的引礼入律以及教育上的科举取士。而在现代社会，所有的这些都已然不复存在，心性儒学之复兴谈何容易？其实，这些还不是最大的障碍。在这些困境之外，最大的困境是一种观念的转变。当下中国，深受自由主义思潮的影响，尤其是消极自由以及与之相关的国家中立性原则，而这正是心性儒学潜在的最大阻碍。

"消极自由"与"积极自由"相对，前者是"免于……的自由"（free from...），只有当一个人的行为不必服从别人的任意干涉和强制时，他才是自由的；而后者是"做……的自由"（free to...），是一种自主、自觉或自治的自由，只有当一个人是他自己的主人时，他才是自由的。[1] 当代自由主义者多赞同"消极自由"而否定"积极自由"，而其理由在于"积极自由"可能带来不自由和强制。因为"积极自由"主张自我主宰，但现实中自我常常被欲望和情绪所左右，并不是每个人都能随心自如地控制它们，以达致自我主宰的境界。这样便可能推导出这样一个逻辑，如果我自己的能力不够，别人在这里帮我一个忙，告诉我该怎么做，他所做的实际上是在帮我获得自由和解放，而不是对我的自由加以限制。而这样做的后果，则可能使积极自由从自我主宰的要求坠陷为不自由。[2] 当代自由主义者正是在这个意义上，主张"消极自由"而否定"积极自由"，并强调国家在价值领域的中立性（避免将道德引入政治）。

反观心性儒学，其政教合一、其礼仪教化恰蕴含着由"积极自由"而至强制、不自由的危险，这也是传统被斥为吃人的主要原因。因为这一危险的存在，儒学始终无法登堂入室，由心性而入政治论域。而缺少政治儒学的助撑，心性儒学偏安一隅，也始终无法复兴。即便以笔者的温和立场，将心性儒学作为一种矫正虚无主义的可被公共选择的理念，也存在困难。因为已经占据当代中国思想舞台中心的自由主义权利话语（其典型表述便是消极自由和国家中立性）已然成为了一种具有宰制力的

---

[1]　Isaiah Berlin, *Four Essays on Liberty*, Oxford University Press, 1969, pp.120-131.

[2]　石元康：《当代自由主义理论》，联经出版事业公司 1996 年版，第 12—14 页。

话语权力，压制并扼杀了人们做出选择的空间和想象力。

三、国家中立性的困境和政治儒学的风险

当代政治自由主义用"正当（权利）优先于善"的义务论原则为国家中立性所做的论证是其最遭诟病之处。[1] 而由此开启的"权利为本"优于"诸善为本"也导致了伦理性自我理解的困境和虚无主义，从而使自由主义权利话语面临严峻的挑战。

政治自由主义的"中立性原则"，常常被表达为如下主张："国家应当对于各种不同的善的观念保持中立。"道德的归道德，而政治的归政治，将道德引入政治是玩火。[2] 因此，让国家承担道德教化的功能，推进"思想统一"的事业，在自由主义看来，并不是一个可欲的选项。政治自由主义主张将公共的政治世界与个人生活的伦理世界分离，将人们对善的观念的"合理分歧"作为事实前提接受下来，并以此作为起点开展讨论，而不是将这种分歧本身看作不可接受的、必须消除的现代性病症。[3]

其实，自由主义者并不是道德生活上的自由放任者，在政治自由主义的背后其实潜在着这样一个逻辑的预设，即自由之人可以经由理性为自己立法。这既体现在为正当优先于善的义务论奠定道德基础的康德那里，也体现在其当代传人罗尔斯那里，只是他们所依靠的理性并不一定如他们所欲。

理性既可以推出康德的"道德人"，也可能推出斯密的"经济人"。把理性看作道德的基础，既不可靠也不真实，因为理性可以有助于道德也可以不助于道德。康德论证的出发点是"人皆有理性"，但由"人皆有理性"显然推不出理性原则是

---

[1] 应奇，刘训练：《自由主义中立性及其批评者》，江苏人民出版社 2007 年版，第 2 页。

[2] 自由主义之所以如此，是基于历史经验得出的教训。自由主义在欧洲发端的重要原因之一，是 16 世纪宗教战争的灾难。而 1980 年代之后自由主义在中国大陆的兴起，与对"文革"时期暴力争斗的历史反思有密切的关联。这些严峻的历史经验表明，有正统必定会有异端，如果以某种独断的一元论信仰作为政治的基础原则，往往会造成巨大的人道代价。因此，以宽容而不是排斥或消灭的方式来对待异端，与异端和平共存，才是可欲的政治方案。另一方面，在道德哲学上，自由主义者秉持"人人平等"与"人是目的而不是手段"的信仰，因而拒斥以强制性的方式对异己的信念实施"思想改造"工程，因为思想上的强制意味着背离了平等的自由这一重要的自由主义原则，将他人当作了手段而不是目的。参见刘擎：《中国崛起与文化自主》，载《中国社会科学辑刊》2009 年 12 月（总第 29 期），复旦大学出版社 2010 年版。

[3] 刘擎：《中国崛起与文化自主》，载《中国社会科学辑刊》2009 年 12 月（总第 29 期），复旦大学出版社 2010 年版。

唯一或最高的原则。能够满足"人皆有之"这一标准的人性除了心智，还有心事、潜意识和本能，每一样都有巨大的能量左右人的选择。此外，理性也可以为所有事情服务，而不管好坏，试图让理性只用于某事而不用于其他，尤其是一种幻想。[1]

所以，在非自由主义的信仰者看来，只有在良善生活的问题上展开说服、教育和改造工作，使人们在通向"善的真理"的道路上达成"思想统一"，才能真正解决分歧，也才能在根本上克服现代性的危机。让国家承担道德教化的功能，推进"思想统一"的事业，仍然是一个可欲的选项。将公共政治世界与个人生活伦理世界分离的安排方式是不可接受的，这本身就违背了他们所坚持的良善生活观念的完整性。儒学便是这一主张的信奉者。但正如前文所言的，儒学蕴涵着由"积极自由"而至强制、不自由的危险。如果仅仅将这一儒学限制在心性层面，或许结果还不太糟，但缺少了政治儒学的心性儒学，并不足以应对工具理性的挑战，进而也难以抵御自由主义权利话语所导致的虚无主义困境。

就心性儒学与政治儒学的关系而言，甘阳的洞见颇有道理，但缺少力度。甘阳认为，在"体制"的范围之外，尚有足够广阔的"生活世界"可供儒学驻足。儒学在现代社会应走的路，也是唯一的路，就是将其价值关怀寄托于纯粹的学术研究。所谓"合则两伤，离则双美"，儒学应该撤出"社会"，返回大学这样的文化重镇，对"社会"的运作提出批判，有所制衡。[2] 然而，正如甘阳自己也承认的那样，（心性）儒学在现代社会中的作用必将大大降低。心性儒学如果撤出"社会"的话，将失去儒学的本色。心性儒学本就没有什么奥秘的原则，其所蕴含的义理就是日常生活中做人的道理，教人和谐相处、刚正不阿。同样就心性儒学与政治儒学的关系而言，蒋庆的主张颇具力度，但也可能带来强制甚至专制。在他看来，"儒学本身就是专谈政治之学，取消儒学的政治功能，即是否定儒学的特性，不啻给儒学下死亡通知书……儒学不仅在过去，而且在现在和将来都注定要思考政治，要在政治中确立其义法，创设其制度，证成其秩序，实现其理想，最终要在历史中建成体现天道

---

[1] 赵汀阳：《预付人权——一种非西方的普遍人权理论》，载《中国社会科学》2006年第4期，第21页。

[2] 甘阳：《儒学在现代中国的角色与出路》，载甘阳：《我们在创造传统》，台北联经出版公司1989年版，第5页；转引自张德胜：《儒家思想与工具理性：中庸之道的社会学分析》，载陈来、甘阳主编：《孔子与当代中国》，生活·读书·新知三联书店2008年版，第57—58页。

性理的政治礼法制度，使孔子之王心王道落实于人间也"[1]。而当代新儒学（心性儒学）面临的最大危机就是未能开出新外王（政治儒学），长此以往，儒学仍有可能成为绝学。而且，新儒学（心性儒学）使儒家的政治理想不能落实到当代中国的现实，从而使儒家的天道性理成为诱人玩赏的光景。新儒学不能建立起体现儒家理想的政治法律制度，单靠心性抵挡不住现代社会中的邪恶。新儒学只把儒学理解为心性儒学，抛弃了儒学的另一传统——政治儒学，使当代儒学只向着生命与心性发展，未能继承儒学的全副精神。新儒学不从现实政治入手来发展儒学，远离当代中国人迫切关心的政治现实问题，使中国现代政治变迁未能从儒学中吸取任何政治智慧和指导原则，从而使当代中国人视儒学为政治上的无用之物，而在此一心态下，复兴儒学只能是奢谈。[2] 蒋庆准确地把握住了心性儒学与政治儒学之间的关系，但其政治儒学的制度设计仍无法摆脱专制的危险，而且缺少了一个理念由社会中自我形成，且通过公共领域的选择进入政治生活的必要过程。就第一个问题而言，笔者将之称为政治儒学的危险。就第二个问题来说，笔者将之称为政治儒学之义理的社会酝酿准备，即"社会儒学"。经由此，通过理性尊重和平等对话而成为公共选择，才能使政治儒学的理念具有政治上的合法性。

四、作为公共选择方案的社会儒学

社会儒学其实一直是心性儒学和政治儒学之间的衔接地带，也一直是儒家义理得以生发孕育的沃土。而心性儒学与现实政治无涉，政治儒学因缺少义理的孕育过程而可能将自主的公共选择变为强制甚至专制，这或许都不是儒学再生的明智之举。反观社会儒学，却可能起到 "先引凤再筑巢"之功效，经由心性儒学（新儒学）—社会儒学—政治儒学铺设儒学复兴之路。

具体来说，先由心性儒学重新阐释儒家义理，这种新义理如果合理而且具有心灵上的吸引力，就会对社会中的知识分子、普通民众，甚至官员产生潜移默化的影响，进而决定其行为的新模式。但是，这一制度的创生过程需要一个社会践行的场域，

---

[1] 蒋庆：《政治儒学——当代儒学的转向、特质与发展》，生活·读书·新知三联书店 2003 年版，自序第 8 页。

[2] 蒋庆：《政治儒学——当代儒学的转向、特质与发展》，生活·读书·新知三联书店 2003 年版，第 12—22 页。

可行的出路便是社会儒学。经由重新阐释的儒家义理，首先进入社会层面进行实践。无数人基于这些新理解而行动、而互动，就会形成某种新制度。这些制度是现代的，却可成为儒家义理的"寄命之地"，[1] 此为"先引凤"。而当社会层面的各种制度相对成熟，再在国家制度建构层面让之通过公共选择（因为儒家义理在民间的实践过程中已经获得了民众的认可），以一种现代社会具有合法性的方式成为制度建构，也就是让儒家在公共选择中脱颖而出，在各种价值道德理想中通过竞争胜出，此为"再筑巢"。当然，这仍然需要国家的支持，但是这个支持的过程可以首先在民间层面、教育层面以及在和政治并不直接关涉的层面上进行。儒家在历史上的两次复兴（汉代的复兴与宋代的复兴），都是从义理的重新解释开始，以社会层面的制度建设为主，进而推动政制之再造。[2] 以史为鉴，也可以在一定程度上印证这一儒学复兴之道路的可行性。

需要强调的是，笔者只是分析儒学复兴的可行性方案，也认同儒学对自由主义权利话语之弊病的矫正作用，但并不以必然复兴儒学为己任。而只是将其看作可供选择的方案之一。20 世纪 80 年代在西方兴起的社群主义也可以被看成克服这一弊病的另一种选择。社群主义是一种强调社区联系、环境和传统的积极价值以及共同利益的理论思潮。社群主义认为，自由的人都是在社群的传统和结构功能中生成的。没有社群的语境，自由的话语就是空洞的，没有社群的背景存在，也谈不上有独立人格的个人。[3] 在社群主义者看来，个人是依赖于社群的，社群是个人生存的基本条件，没有了相互联结的社会关系中的成员资格，个人就什么都不是。个人主义所体现的自我观念和原子主义是荒谬的。自我其实是被镶嵌于各种各样的社会角色和群体关系之中的。同样，权利也只有在社群的关系中才能存在，离开了具体的社会背景与历史条件，根本就没有什么个人权利可言，而自由主义把个人权利视为优先于社会，优先于共同善，视社会为实现个人权利的工具，在理论上是站不住脚的。因此，自由主义的权利话语在声称要促进个人尊严和自主性的同时，却已经破坏或削弱了

---

[1] 秋风：《儒家在现代社会的自我再生之路》，载《爱思想》，http://www.aisixiang.com/data/32407.html，最后访问时间 2016 年 5 月 10 日。

[2] 秋风：《儒家在现代社会的自我再生之路》，载《爱思想》，http://www.aisixiang.com/data/32407.html，最后访问时间 2016 年 5 月 10 日。

[3] 韩震：《后自由主义的一种话语》，载刘军宁等编：《自由与社群》，生活·读书·新知三联书店 1998 年版，第 15—16 页。

种种对于人类幸福来说具有本质意义的社群。[1] 实际上，人一出生就是社群或社会的一个成员，分担着社会角色，这一角色决定了他应该做什么和应该得到什么，个人的社会角色决定着个人的权利和义务。个人必须在社群中才能发现自己的道德身份，而从这些道德出发，构成了对美德的追寻。[2]

不难看出，社群主义的主张和儒家的传统具有相当程度的契合性。在这个意义上，源自西方的社群主义自然也可以成为转型中国克服权利话语的虚无主义病症的一个选择。不过，正如笔者所反复强调的，转型中国权利话语的未来发展必然是在中西融合的基础上走一条基于中国主体性的道路。毕竟权利话语在西方社会生根的重要原因是因为它契合了西方的历史、文化情境。虽然全球化已经使整个人类的生活世界变得更加同质，但这并不足以消弭各文明的特质，中国文化中的很多价值仍然是我们已先在嵌入而无法走出的背景。

笔者之所以分析儒学复兴方案的原因也正在于此。因为，在自由主义权利话语已成宰制之势的当下中国，我们在"西方理想图景"面前，已经失去了想象力，而传统（儒学）如果想要成为这样一种想象力，首先需要其义理为我们所再次熟知，在这个基础上如果再为我们所体认，方可能成为一种公共选择的选项，并有可能开启一个新的想象空间和建构一幅新的中国理想图景。否则，儒学作为一种矫正自由主义权利话语之弊的可被公共选择和接纳的理念，仍然是可欲而不可及的。

理性的自负已经告诉我们，仅有理性人的预设，市场不可能存在和正常运转。没有规则、没有规则意识，理性经济人几乎都会变成骗子与强盗。而规则并不只是法律，法学家如果把法律当成全部规则而忽视道德，将导致法律在现实中无法运转。归根到底，法律在社会治理中的作用仅是辅助性的。一个仅靠法律来调节的社会必然崩溃，因为该社会执行法律规则的成本太高。法律有效运转的前提是伦理道德，当绝大多数人可以自律的时候，法律才有能力强制少数人。尤其需要强调的一点是，能够对个人起作用的伦理道德，必然是传统的伦理道德。而任何人为构造的道德体系都很难成功。因此，传统的伦理道德对于一个社会维持基本秩序和实现繁荣发展

---

[1] 有学者因此指出："社群主义的批判对象，主要是指向当代自由主义抽象个人权利的公设，认为这一公设削弱了作为维系个人的社群纽带，导致了孤立而原子化的人。"王焱、柯凯军：《罗尔斯、诺齐克、德沃金与哈耶克的理论及其他》，载李世涛：《知识分子的立场——自由主义之争与中国思想界的分化》，时代文艺出版社 2000 年版，第 350 页。

[2] [美]A·麦金太尔：《追寻美德：伦理理论研究》，宋继杰译，译林出版社 2003 年版，第 42—43 页。

至关重要。

而就公共选择而言，人们具有怎样的信念，就可能做出怎样的选择。制度的合法性在于公共的选择，但是选择所依凭的信念却是可以进行重塑和再造的。而要让这个信念能够既接续传统又回应现实，既解决国内问题又应对国际压力，则还是要强调文化。因此，如何焕发儒家文化的活力，并对之进行创造性的转化是当前最需要思考的问题之一。而"社会儒学的社群路径"是传统文化得以更新再造的一种可行性方案。其目的在于通过对一种新的生活方式的倡导，带来观念的转变，进而为一种优良政治文化的培育提供可能的知识场域。

五、小　　结

今日中国正奔涌在转型的历史三峡中，惊涛骇浪之后，当有一片海阔天空。认真对待权利是转型的题中应有之意，而转型中国虽然同时面对制度不完善和各种传统、现代思潮多元混杂的局面，但转型而未定型，也为建构具有主体性的权利理论及其社会基础提供了希望。

对此，一条"社会儒学"的路径将为完善权利实践的社会基础提供可能。经过改造的儒家义理经由"社会实践—公共选择—制度化"的过程，既可以增进制度合法性，也可以再造公民对伦理生活的美好想象。从而让我们既拥有个人自由，也关注与他人共存于这个世界的关系性事实；既看重安身的权利，也在乎立命的意义；既有追求幸福的权利，也知晓幸福的意义。

第八章　乡土中国的权利实践和生活想象

本书接下来的两章将分别讨论传统中国和当下中国社会的人们是如何理解和实践权利的，以及他们据此对美好生活的想象和理解。理解历史往往是人们理解现实的一面最好的镜子，这也是笔者先从传统中国社会的权利实践和生活想象讲起的初衷所在。笔者发现，传统中国社会的人们在私人生活领域遵循一套实用性的乡土伦理，而在政治生活领域，国家奉行的则是一种简约式的双轨治理模式。这样一个社会实际上是一个规训社会，而身处其中的人们在长久的日常互动中习得了一套规则意识，并据此建构了自己对美好生活的想象。接下来，本章将逐一展开对上述内容的论述。

一、个人自主、美好生活与走向实践的权利哲学

在《乡土中国》中，费孝通在谈到礼俗的时候指出：

> 在一个熟悉的社会中，我们会得到从心所欲而不逾矩的自由。这和法律所保障的自由不同。规矩不是法律。规矩是"习"出来的礼俗。从俗即是从心。换句话说，社会和个人在这里通了家。[1]

在费孝通看来，生于斯长于斯的人们，在日常生活的人情往来中，在婚丧嫁娶的仪式中，在长辈们的谆谆教导中，耳濡目染，自然而然就"习"得了乡土社会中所蕴含的种种"规矩"（即一种内化于社会中的伦理道德）。因此，当一个孩子长

---

[1]　费孝通：《乡土中国》，生活·读书·新知三联书店 1985 年版，第 5 页。

大成人以后，该做什么，该如何做，已经成为内化于他的习焉不察的文化基因。所谓社会与个人的相通，所谓随心所欲不逾矩，讲的便是这个道理。

这段话其实反映了一个现代性的核心问题，即如何在自由和德性之间达致一种恰当的平衡，从而让个人在保有自由的同时，亦成为一个在社会中合格的公民。唯有如此，拥有自由且具有道德自律的个人才能确保现代社会政治制度的良性运转和美好生活的实现。在这个意义上，如何处理自由和德性之间既对立又互补的辩证关系便成为现代人追寻美好生活所不容回避的一个重要问题。在费孝通的描述中，乡土社会中的人们是在习焉不察中达成了自由和德性之间的某种微妙平衡。然而，在开放的现代社会，这一问题的解决则要复杂很多。

恰如前述章节所言，要恰当地处理自由和德性之间既对立又互补的辩证关系，西方学界主要有两种代表性的观点：一种观点试图避免某种源于宗教、意识形态或者社会文化情境中的伦理生活之道或善观点对个人自由的倾轧，而主张将个人权利实践的根基奠定于自我和理性之上，并试图为制度实践找到某种脱离情境的形式化、普遍化的，根源于普遍人性之上的道德基础。其代表人物主要是康德和罗尔斯。尽管两人的观点存在差异，但在倚重理性和在政治生活中坚持"正当优先于善"的原则上则是一致的。[1] 而另一种观点则试图指出，在一套形式化的，对各种善观念保持中立，而仅仅恪守最低度的公平正义理念的制度环境中，可能脱离情境的自我和缺乏"外在的材料"（material from outside）的理性，并不足以保证个人在权利实践中的自由和自主以及藉此达致德性人格和可欲生活。为此，必须为作为权利实践之根基的自我和理性找到相应的社会文化基础和某种源于生活之道的善观念，其代表人物有卢梭、涂尔干、黑格尔和当代社群主义者。尽管他们之间的观点亦有差异，但在对自我和理性的质疑上以及因此对内嵌于社会文化情境之中的伦理生活之道的重视上则是一致的。[2]

---

[1]　Immanuel Kant, "Groundwork of The Metaphysics of Morals," Mary J. Gregor (trans & ed), *Practical Philosophy*, Cambridge University Press, 1999, p.63; Immanuel Kant, "Perpetual Peace," H. S. Reiss (ed), *Kant's Political Writings*, Cambridge University Press, 1970, p.125; John Rawls, *A Theory of Justice* (Revised Edition), The Belknap Press of Harvard University Press, 1999, p.28.

[2]　Hegel, Georg Vilhelm Friedrich, *Elements of The Philosophy of Right*, Allen W. Wood (ed), H. B. Nisbet (trans), Cambridge University Press, 1991, pp.162-163; Emile Durkheim, *Sociology and Philosophy*, D. F. Pocock (trans), Routledge, 2010, pp.33-35; Mark S.Cladis, *A Communitarian Defense of Liberalism: EmileDurkheim and Contemporary Social Theory*, Stanford University Press, 1992; Mark S.Cladis, "Rousseau and Durkheim: The Relation between the Public and the Private", *The Journal of Religious Ethics*, 1993(1), pp.1-25. Sirkku Hellsten, *In Defense of Moral Individualism*, Philosophical Society of Finland, 1997, pp.138-144.

基于上述两种观点，不难看出自由与德性之间的张力源于现代社会的政治原则（正当优先于善）以及这一原则下个人依据理性实践的不确定性（从而需要善对正当的适度范导）。而其挑战则在于个人自由和伦理生活之道之间无法消解的张力以及两者之间不得不试图融合的历史宿命。而要进一步理解两种争论的价值，还必须了解两个与启蒙运动和现代性息息相关的预设：首先，现代性的以个人权利为逻辑前提的制度实验的目的是将个人引向对可欲生活的追求或至少为个人保有追求可欲生活的可能。背离了这一初衷的权利或自由将失去其在启蒙意义上的价值。因此，自由和德性，个人权利实践与可欲生活在启蒙命题中是逻辑相通的。其次，在上帝为人类立法经由科学祛魅之后，人将不得不承担起自我立法的重任，运用人类的认知能力，将自身引向那个可欲但已不再确定的生活。而这意味着，拥有自由的个人，还必须能够自主。从自由走向自主，进而走向一种德性人格和可欲生活，便成为走向权利时代的题中应有之意。[1]

自由与德性之间的张力，究其根源，在于作为权利之本体论根基的"个人"是

---

[1]　具体来说，对自由与德性之间的张力及其价值的理解，可以在上述理论家的时代背景和问题意识中得到更充分的展现。康德、黑格尔和卢梭所处的时代是宗教神学日渐式微，而人类理性日益觉醒的时代。面对祛魅的上帝已不再可能为人类立法的情况，康德选择倚仗人类理性将自身带出认识论和知识论困境，并重新找到一种以人自身为尺度的值得追求的生活。在这个意义上，康德虽然在政治生活坚持"正当优先于善"的政治原则，并因为此一坚持而彻底摒弃理性之外的任何"杂质"在政治生活中为人类立法的可能性。但其政治哲学并不能脱离其道德哲学来理解，后者仍然以某种方式保留了对可欲生活如何可能的探讨。这也是黑格尔的观点虽然有力地挑战了康德的理性认知路径，但也因此而使自身陷入自由主义攻讦的原因。他们之间的分歧更多展现的是人类面对现代社会在政治生活和伦理生活中出现的割裂时的无可奈何却又不得不取舍，并必然因为其取舍而失去其他一些值得珍视的价值的历史宿命。在这个意义上，卢梭的思想充分展现了对这一张力的忧虑和试图解决的勇气，更多保留了对这一无法彻底解决的理论难题的学术真诚。在笔者看来，这虽是卢梭为一些自由主义者所攻讦，但也是其思想中最闪光的东西。而涂尔干则因为对道德个人主义过于强烈地期盼和因此对社会之为"道德实体"的过分热忱，而让自身陷入社会决定论的困境中。时光流转到当代西方社会，这一困扰现代性自启蒙以降的难题并未息止。罗尔斯理论的社会背景便是在一个价值多元且不可公度的现代社会，如何为自由民主制度的政治正当性奠定牢靠的根基。对此，罗尔斯仍然遵循的是英美经验哲学的契约论路径，并试图通过"原初状态"和"无知之幕"的设定，凭借人类理性指导下的公共选择，将"正当优先于善"的原则引入并确立下来。其理论旨趣决定了，可欲生活问题，并不是罗尔斯讨论的重点，而更多只是其理论逻辑中存在的一种可能推演。而其通过契约论路径确立"正当优先于善"的政治原则的尝试，因为剥离了人之情境性和先在的与他人共存的关系性事实，而受到了当代社群主义和一些共和主义者的批评。后者的批评除了对这一"自我"真实性的质疑，更多关注的仍然是这样的个体，在"正当优先于善"的原则所划定的那个牢不可破的内在堡垒的庇佑下，如何能成为自由民主制度所期望的合格公民以及这样的个体如何运用理性实践权利，并走向启蒙理想中所预设的可欲生活。

被制造出来的，他需要在与他人的交往中，在特定的社会文化情境中，找到自己实践的坐标。而作为权利之认识论根基的"理性"也不能凭空为自我立法，而需要来自历史文化的积淀和生长孕育于伦理生活之道中的"外在材料"。唯有如此，拥有权利的个人才能从自由走向自主，从而成长为与现代政治和法律制度相契合的"公民"。反之，拥有自由却很难被要求自我约束和自我引导的个体，可能颠覆以权利为逻辑前提的现代性社会实验的根基。这意味着，对权利的理解必须既注重其政治生活的维度，也要开放出其伦理生活的想象，即一方面，要坚持"正当优先于善"的原则并强调消极自由的必要性，另一方面也应该强调"善对正当的适度范导"和对内嵌于社会文化情境之中的伦理生活之道的延续和重建。

在这个意义上，开放出权利研究的政治维度（维系政治道德）和社会文化维度（找寻生活之道），以包容两种理论之间的张力，就显得尤为必要。这一张力在西方权利理论及其社会实践过程中表现为自由民主制度及其"社群辩护"（communitarian defense）之间的相得益彰。其实，通过对西方现代性经典解释的分析，我们并不难洞见社群辩护对自由民主制度以及对决定个人权利实践的自我和理性的奠基作用。社群辩护作为一种"外在材料"滋养了个人凭借理性所进行的权利实践，范导获得自由的个人走向自主和道德自律，进而使自由民主制度的有效运转成为可能。而在更为具体的实践层面，当代欧美国家，一方面经由民主政治制定至少维护最低度道德的现代法律以确保制度正义；另一方面，经由社区和教会所倡导的公共生活，培育"集体情感"，并辅之家庭、学校所担负的教育功能。从而通过在政治维度和社会文化维度对权利实践之道德基础的构筑来共同抵御过度膨胀的权利意识可能带来的极端个人主义。与之相对，当下中国在权利研究的"两个维度"（即维系社会正义的政治维度和找寻生活之道的社会文化维度）均处于变迁和摸索之中。笔者将这一现状称为权利实践在当下中国社会的"双重结构挑战"。这一挑战意味着走向权利时代的当下中国不仅需要权利，也需要为权利寻找"散落在日常生活角落中的亲切贴己的生活之道"。[1]

而要妥善地应对上述挑战，我们需要知道国人在政治生活和日常生活中是如何理解并运用权利的以及其实践背后有着怎么样的使之合理化的道德证成。通过对上述问题的分析，我们可以进一步了解国人权利实践在政治维度和社会文化维度的道

---

[1] 李猛：《理性化及其传统：对韦伯的中国观察》，载《社会学研究》2010 年第 5 期，第 24 页。

德基础是什么以及其是如何塑造和影响国人的权利实践的。而对这些问题的厘清将有助于我们剖析权利实践在当下中国社会所面临的挑战，并给出相应的应对之策。

笔者将这一研究路径称为"走向实践的权利哲学"。首先，这一提法嵌入在既有的研究脉络之中。本书的前述章节已经论述了转型中国权利研究的几个阶段，在此再简略回顾一下。具体来说，国人对权利的研究大致可以划分为晚清到民国时期、市场化改革初期（20世纪90年代）、市场化调整时期（2000年前后）这三个阶段。第一阶段的时代主题是救亡图存。在此激进心态下的影响下，当时学者对权利更多是"器具性"的理解，并预设了中国传统与西方现代的二元对立。虽然一些文化保守主义者对此提出异议，但其更多是从宏观侧面谈论中西融合，而没有进入实证分析层面，因此也无法准确把握传统文化于当下社会中的变与不变及其内在张力。费孝通是个例外，其对乡土社会逻辑和现代法律实践之间关系的分析，开启了从社会文化维度思考现代法律、权利及其社会文化基础的先河，并对后来者产生了极大的影响。第二阶段始于20世纪90年代的深化改革。伴随着市场化运动和法制建设，对权利的规范研究得到长足发展，其代表便是"权利本位论"。其对权利的普遍主义的、规范性的理解遭到了以朱苏力为代表的本土资源论者和法律文化论的批评。不过，这些批评者的研究也缺少实证分析，他们作为分析工具的乡土社会更多停留在费孝通所勾勒的理想型逻辑中，进而无法回应尤其是2000年之后乡村社会正在发生的巨变。这一时期，夏勇对权利与社会文化的研究有较为透彻的论述，但是其试图连接经验的尝试也留下了不少遗憾。第三阶段则是2000年以后的市场化调整时期。随着施特劳斯、社群主义、德性伦理学等学说的大量引介，理论界展开了对权利问题的深刻反思和批判。上述研究充分展现了西方权利理论知识脉络中的张力和复杂性。[1] 然而这些讨论所开放出来的问题意识尚没有和经验对接。与此同时，一些研究开始关注权利研究的政治维度，[2] 但它们却没有关注权利实践的社会文化基础。对此，

---

[1] 这些研究所讨论的内容主要包括重新认识积极自由和消极自由的区别和联系，自由和自主之间的关系，作为权利之本体论和认识论核心的自我和理性所依赖的社会文化情境，正当与善各自的概念和所发挥作用的领域以及两者之间的相互关系等。

[2] 于建嵘:《当前农民维权活动的一个解释框架》，载《社会学研究》2004年第2期; Kevin J.O'Brien and Li Lianjiang, *Rightful Resistance in Rural China*, Cambridge University Press, 2006.

另外一些研究开始从不同视角去理解权利诉求背后人们的行动逻辑和价值观念。[1] 然而，这些研究并没有把关注的重点放在权利问题上，而是借此分析乡村治理、社会结构变迁和集体行动逻辑等问题。

概括来说，上述三个阶段的权利研究要么是缺少实践维度，要么是其对实践的关注与权利相关但并不以研究权利为主。同时，政治哲学研究所开放出来的权利研究的两个维度（即维系社会正义的政治维度和找寻生活之道的社会文化维度）之间的辩证关系的问题尚没有被用于经验研究之中。正是基于上述这些研究的疏漏，笔者倡导理解权利的生活导向，以道德阅读权利，走向实践的权利哲学。

其次，走向实践的权利哲学倡导对权利的生活导向的理解。这一理解将权利看作由"自主"（autonomy）、"福利"（welfare）、"自由"（liberty）三项基本内容构成的整全体系。自主指向对可欲生活的追求，而可欲生活的可能，既需要拥有生命、一定程度的健康、良好的身心能力和适度的教育等基本条件，也需要有足够的免于外在干预的能动性。前者需要福利性权利，而后者离不开基本的政治自由。所有的权利均可从这三项中的一项或者几项中推演出来。[2] 在福利和自由意义上理解权利已为学界所普遍接受，但将自主引入权利研究则是新尝试。引入自主，不仅与本书尝试从实践视角研究权利，既注重其政治生活维度，也试图开放其伦理生活想象的研究旨趣有关，同时也是希望能打通权利研究的政治维度和社会文化维度，从而深化对权利的理解。更具体地说，人权主要包括对权利的政治性理解（公民权利和政治权利）和对权利的福利性理解（社会经济权利）。而后者是否能以符合正义的方式获得充分实现，又以前者为前提。因此，人权在根本上是政治性的，其主要在公共领域发挥作用，关注的是国家权力的边界和其应该承担的政治责任。而权利不仅包含了人权的政治维度，还有更宽广的社会文化维度。权利的社会文化维度的开放，需要引入自主。因为自由确保的是追求可欲生活的可能，福利为这种可能提供了最基本的客观条件，

---

[1] 应星：《大河移民上访的故事：从"讨个说法"到"摆平理顺"》，生活·读书·新知三联书店 2001 年版；吴毅：《"权力—利益的结构之网"与农民群体性利益的表达困境》，载《社会学研究》2007 年第 5 期。

[2] James Griffin, *On Human Rights*, Oxford University Press, 2008, p.149.

而要让这种可能转化为生活中的实践能力则需要"自主"。[1] 自主是指与选择可欲生活相关的自我决定的实践能力。[2] 这种"自主"在中国人的文化语境和日常生活中，主要体现在"过日子"（对人生任务的理解和实现）和"做人"（对个人所必然身处的社会情境和关系性事实的体悟），以及对相应的伦理之道的理解和运用中。[3] 而在现代社会中，随着纵向的国家权威结构对人们日常生活的广泛介入，"过日子"和"做人"也越来越受到这一纵向权威结构的影响，而因此处于横向的人与人的日常交往和纵向的个人与国家权威结构的互动的双重结构之中。并且这一权威结构是否正当往往对"过日子"和"做人"以及与之相关的人们自主的实践能力的培养具有更基础的作用。这进而意味着，引入自主的、以可欲生活为导向的对权利的理解，需要同时开放出权利实践的政治维度和社会文化维度，在强调权利的一般性的规范理解的同时，又对内嵌于生活世界的伦理之道给予充分关注。

再次，走向实践的权利哲学倡导对权利的生活导向理解的最重要特点是"以道德阅读权利"，而不是从制度的规范层面分析权利。这里的道德既包括薄的、狭义的作为"机会概念"（opportunity-concept）的道德，也包括厚的、广义的作为"实践概念"（exercise-concept）的道德。[4] 以笔者之见，前者接近基于普遍权利原则而

---

[1] 需要强调的是，自由并不等于可欲生活，但却是其不可或缺的必要条件。任何对可欲生活的选择和善观念的接受只有在自由选择的基础上才有意义，而且在无法实现政治自由且维系最低度的公平正义的社会，自主及其预期的德性人格和可欲生活都极不可靠。通过上述限定，自主的引入，既可以避免因为没有明确区分人权和权利而带来的对立，也可以尽可能降低其自身的理论风险。

[2] James Griffin, *On Human Rights*, Oxford University Press, 2008, p.151-152.

[3] "过日子"和"做人"，因为涉及人们在日常生活中对"所珍视之物"的取舍，因而是一种与伦理生活之道相关的道德实践。人们在这种道德实践中，通过道德资本的积累，维系着日常生活中的微观的"权力—权利"关系的平衡。而这种"权力游戏"的两面，便是人们既要保持相对融洽的"权力—权利"关系，又不得不涉及具体琐碎的经济物质生活，而不可避免生出的权力斗争。而要过好日子做好人，则意味着人们必须在日常生活中习得一种能维系权力游戏平衡的实践能力。笔者对"过日子"、"做人"、"道德资本"、"权力游戏"的阐述主要受到吴飞的启发。参见吴飞：《浮生取义：对华北某县自杀现象的文化解读》，中国人民大学出版社 2009 年版。而笔者与吴飞的不同在于：首先，笔者对"过日子"和"做人"有着更开放式的理解。这体现在笔者并不仅仅在家庭中理解"过日子"和"做人"，而是将之扩展到人们在日常生活中还可能涉及的邻里、村庄、地方社会以及国家领域（在笔者看来，吴飞探讨"家之礼"与"国之法"的关系，亦带有这种尝试的意图）。另外，对于"做人"及其背后的道德实践，笔者也试图在社会变迁的背景下做一种更开放的理解。更具体地说，既带有地方性理解也可能包含普遍性理解的正义观念，都可能成为道德实践具以选择的价值要素。

[4] Charles Taylor, "What's Wrong with Negative Liberty", *The Idea of Freedom*, A. Ryan (ed), Oxford University Press, 1979, pp.175-193.

建构的制度正义，即政治道德，其必要但不完整；而后者接近伦理生活中的善观念，是需要在生活世界中的鲜活经验中去把握和体味的。在这个意义上，本研究倡导在实践中理解道德和权利。这意味着在面向生活的"过日子"和"做人"的实践过程中理解权利，在与个人权利实践相关的政治维度和社会文化维度把握"权利实践的道德基础"。而为了给相关讨论开放出更多可能，我们需要一种更为开放的权利理解。

最后，走向实践的权利哲学主张更为开放的权利理解。笔者将之定义为"合理"的资格和主张。笔者没有采用通常的"正当性"来界定权利（一种学界通常的解释是权利是正当的具体化，这从 rights 和 right 的词源关系中亦可看出，但这种解释仍然只是突出了权利的政治性），是因为"正当"以及与之相对出现的"善"这两个概念在政治哲学中已有相对固定的理解："正当"意味对遵循某种道德责任而行动（既针对政府也针对个人），与法律或规范相关。某事物是正当的，意味着它在道德上是必需的。正当侧重探讨"人们如何生活在一起"的政治问题，并致力于描述具有普遍理性化和形式化的法律或规范，因此道德色彩较薄。而"善"意味着某种值得追求和拥有，进而可以提升生活品质的东西，与某种目标或目的相关（既可以是人生意义、个人德性，也可以是感官快乐）。它关注"人们应当如何生活"的伦理问题，因而带有较浓的道德意蕴。[1] 而"理"却是一个具有弹性的描述性概念，无论"正当"或"善"皆有合"理"之处。因此，用"合理"替代"正当"与"善"作为"权利"之资格或主张具有合理性的价值论源泉，可以在一定程度上将"正当"与"善"及其所蕴含的薄的和厚的道德都纳入到权利哲学的价值论问题中来，同时兼顾权利的政治维度和社会文化维度，并为相关的讨论开放出更多可能。更具体地说，在当下中国，这种"理"便是交织着普遍性理解和地方性知识的两种正义观念。用"合理"界定权利的另一个优势在于更能贴近村民的日常生活经验和话语表达。在日常生活中，村民往往以是否论"理"或合"理"来作为评价人或事的标准。

上述内容便是对"走向实践的权利哲学"的内容阐述。而接下来，我们将具体进入转型中国社会的历史和现实语境之中，来看看权利实践的道德基础在政治生活和伦理生活的两个维度上的变迁及其结果。

---

[1] 关于"正当"与"善"的总结，参见 Christine M. Korsgaard, "Theory of TheGood", Edward Craig (ed),*The Short Routledge Encyclopedia of Philosophy*, Routledge,2005,p.328; Charles Larmore, "Right and Good", Edward Craig (ed), *The Short Routledge Encyclopedia of Philosophy*, Routledge, 2005, p.907.

二、实用性的乡土伦理

传统的乡土社会是一个"伦理本位"[1]的"熟人社会"。"伦理本位"强调每个人都是一个"角色扮演者"，遵循着"五伦"和"八德"[2]找到自己在日常生活中的定位和实现人生意义的坐标。"伦理本位"是以"熟人社会"中无处不在的接触而产生的"亲密"和"熟悉"为基础的。而被束缚于土地，并面向村庄的生活预期，又使人们注重"人情"的维系，胜过"理性的支配"。[3]"人情"的维系又使"报"在乡土社会中有着特殊的意义，并围绕着"报"[4]文化产生了基于乡土逻辑的道德实践，而这套基于乡土逻辑的道德实践进而维系了人们日常交往的良序运行。

所谓基于乡土逻辑的道德实践遵循陈柏峰精炼概括的"情面原则"、"不走极端原则"、"歧视原则"和"乡情原则"。[5]除了将带有价值判断的"歧视原则"改作因男女之别、熟人和陌生人之分而产生的描述性的"区别原则"之外，本书将继续沿用这一分析。具体而言，因为熟悉、亲密而有了"情分"，这决定了在待人接物、处理人际关系上要顾及人情和面子，这便是"情面原则"。"情面原则"进而延伸出为人处事中的"不走极端原则"。而在亲密互助的社群中，个人成功的背后免不了乡亲们之前的各种直接或间接的帮助，因此回报这份人情就成为其不可推卸的责任。而面向村庄的生活情结又决定了其显达于乡土并"落叶归根"的人生意义理解和因此对人情维系的尽心尽力，这便是"乡情原则"。而"区别原则"则有两个维度：

---

[1] "伦理本位"的乡土社会具有如下道德特征：第一，在人际间，以人际关系而非普遍性原则作为道德标准。"标准是随人的，没有一个绝对的标准，此即所谓相对论"。第二，在经济上，以共财之意、同财之义作为道德标准，"在经济上皆彼此顾恤、相互负责；有不然者，群指目以为不义"。第三，在政治上，以"己"为中心，扩展关系网络，由近及远或纳远入近，乃至任人唯亲为道德所接受甚至鼓励，具有"政治皆伦理"的特点。第四，在信仰上，缺少西方宗教意义上的超验关怀和此案／彼岸的两分，除少数精英还同时在国家这个层面找寻其人生意义，大多数人以家庭和村庄作为生活场域，并以在其中寻求人生意义的满足作为现世生活的目的。参见梁漱溟：《乡村建设理论》，上海人民出版社2006年版，第81—89页。

[2] "五伦"即父子有亲，夫妇有别，长幼有序，君臣有义，朋友有信；而"八德"则指孝、悌、忠、信、礼、义、廉、耻。

[3] 费孝通：《乡土中国》，生活·读书·新知三联书店1985年版，第1—7，第29—35页。

[4] 这里的"报"兼有"慷慨之报"、"等价之报"和"消极之报"三层意思。参见朱晓阳：《小村故事：罪过与惩罚》（修订版），法律出版社2011年版，第73页。

[5] 陈柏峰：《熟人社会：村庄秩序机制的理想型探究》，载《社会》2011年第1期，第46—53页。

家庭生活中的两性之别以及熟悉人和陌生人之间的差序之别。[1]

在陈柏峰看来，这种乡土伦理以"报"为核心价值，通过"人情"的"亏欠"和"给予"以及人情往来的良性道德实践所具有的"道德楷模"作用，维系并滋养了人际间的微观权力运作。[2]而朱晓阳则通过对"报"、"礼"、"关系"、"人情"、"丢脸"之间的逻辑关系，将这种微观权力的运作机理展现了出来。其中，"报"是人际间构成义务关系的基础，也是"礼"的核心基础。"人情"、"关系"的运作精致地体现了"报"的实质。而如果没有遵循"礼"而让人"丢脸"，则使对方获得了当下或者未来对"越轨者"进行惩罚的理由。[3]不过，两人在福柯意义上使用的权力规训都没有回答一个共同的问题，即这样的规训为何在乡土社会能够被人们所普遍接受，并较好地维持了乡村社会的良序？规训者实施规训的权力和被规训者对规训的接受之间是否存在某种道德证成？对这一问题的思考促使笔者引入"权利"的分析维度，以扩展人际间的权力运作关系。

首先，在逻辑上，人际间稳定的互动性事实决定了只有"权力"或"权利"一个维度的不可能性。从权力视角审视人际关系，韦伯的论述十分精辟。在他看来，"人对人的支配"是人类命定的存在方式，而任何形式的支配都需要证成自己，否则必定处于高度的不稳定。[4]遵此逻辑，日常生活的微观权力运作，若想维持其常态，必然需要证成其自身的合理性，并为自身提供道德辩护。这种合理性，在日常生活中，

---

[1]　笔者之所以用"区别"，而不是"歧视"，不仅仅是因为后者带有的价值预设，也是因为前者能更准确地还原儒家伦理在文化层面的理想型意义。作为构成社会基本单元之家庭核心的男女两性，如果存在着明显的地位不平等却能维系家庭的稳定，其实是有悖常理，也是不可能的。男女两性在家庭生活中的角色定位，是由其人生意义实现的不同轮回而决定的。女性在家庭中的地位，通过对母性的孝来维系。这一权威地位必须以其在家庭生活中扮演妻子、媳妇、母亲的角色中积累的道德资本来获得。而男性因为生活的现实，在更早的时候就要承担起家庭的责任，并在这个过程中积累其道德资本，因此自然更早确立了家庭中的权威地位。而就一夫一妻多妾制而言，其中一个十分重要的考虑是生命的延续和人生意义的实现（否则即为不孝，至于为何生育男性才是传宗接代而非女性，则是由当时相对艰苦的生存环境决定的，并不是所谓歧视问题）。因此，它不应仅仅如女权研究理解的那样被看作对女性的歧视，这是一种简单地套用现代普世逻辑切割传统他者文化的做法。生命的延续和人生意义的实现作为纳妾的一个重要考虑，也可以从很多尊奉礼教的家庭的纳妾原因中得到解释。就熟人和陌生人之间的关系，因为"伦理"适用的前提是"亲密"和"熟悉"，缺少这一前提，自然无法以"礼"相待。当然，理论上的设计难免为现实所扭曲甚至僵化，但既然我们讨论乡村社会的理想型，应该尽可能保持其原有的理论逻辑。

[2]　陈柏峰：《熟人社会：村庄秩序机制的理想型探究》，载《社会》2011年第1期，第35—42页。

[3]　朱晓阳：《小村故事：罪过与惩罚》（修订版），法律出版社2011年版，第72—80页。

[4]　周濂：《现代政治的正当性基础》，生活·读书·新知三联书店2008年版，第3页。

必然包含着"权力"拥有者需要承担的某种责任或义务（即便是仅仅依靠某种天赋或神秘主义而获得权力的人，比如牧师或神汉，同样需要为其服从者提供某种服务以维系这种权力关系），而这意味着受其支配者必然享有某种带有合理性的资格或主张，即权利。

其次，就乡土社会的日常生活而言，围绕着"报"而生的"人情"流动，虽然在实践中不鼓励主张或运用权利，但在文化上仍然承认人们在日常生活的角色扮演过程中因为积累的道德资本而应该享有的某种资格或主张。[1] 这是一种沉默但却有力度的被地方性知识认可的"权利"。否则我们会很难理解，为何对"越轨者"的适当惩罚会拥有为乡土社会所认可并接受的合法性。[2]

综上所述，维系这一权利运转的关键首先在于乡土社会中的人们共享着一套对正义理解的地方性知识。乡土社会的正义观和被束缚于土地的社会结构、面向村庄的生活预期以及人生意义实现方式紧密相关。它意味着人们若想从熟悉走向亲密，而不是走向纠纷、矛盾和相互仇视，更好的选择是注重维系以"报"为核心价值的"人情"，并小心呵护日常生活中的人际关系的微妙平衡。这一相对封闭的社会结构及其追求的人际间熟悉和亲密的生活方式，又决定了世世代代生于斯长于斯的人们必然在生活的各个方面都无法摆脱这样的权利游戏，并因此形成了特有的与日常生活的各个方面相关联的、长时段的实质正义观。这种正义观是一种实用性的乡土伦理，它和现代社会针对某一事件及其现时的分清是非对错的更偏重程序和理性的逻辑演绎的正义理解有着很大的不同。

三、简约式的双轨治理

任何价值系统的维系都离不开两个基本方面：一个是人们对这一价值系统的自愿而非强迫的选择和接受，另一个是为人们所认可的权威的存在和它以看得见的方式对遵循者的奖励和对越轨者的惩罚。上文谈论了第一个方面，在乡土社会，每个人被先在地嵌入了一个意义系统，并通过日常生活的方方面面习得了其中的规矩，

---

[1]　Henry Rosemont, "Rights-Bearing Individuals and Role-Bearing Persons", Mary Bockover (ed), *Rules, Rituals and Responsibility: Essays Dedicated to Herbert Fingarette*, Open Court, 1991, pp.71-102.

[2]　本研究在合于法律的意义上使用合法性，以区别于遵循现代权利逻辑的正当性。因此，这里的法律就包括了礼俗及体现其精神的乡规民约或律法，而不再仅仅只是现代意义上的法律。

进而"从俗即从心",习惯性地接受了这一价值系统对其的支配。

然而,乡土社会不可避免地会存在越轨行为。这些行为如果不能得到及时有效的处理,则会产生骨牌效应。因此,乡土社会还需要对越轨者实施惩罚的权威执掌者。这些人往往因为经验而更为熟悉这一价值系统的运作(通常为年长者),或因为智性突出而把握了其中的奥妙(通常为受过良好教育者)。这样的人在乡土社会被称为绅士,而他们所组成的权威结构维系着乡土社会的正义和秩序。笔者将这一权威结构的运作方式称为"简约式的双轨治理"。

按照费孝通的解释,传统中国社会的治理通过两条平行轨道进行。一条是以皇权为中心建立的国家官僚体系。然而,受"无为主义"的影响,这种治理的范围一般不超过县域。另一条是由乡绅等乡村精英实施的基层自治。这些由退休官员以及他们的亲属,甚至是受过简单教育的地主组成的乡村精英,组成了乡村社会的实际统治者。[1]

这种双轨治理具有"外部效应"和"内部效应"。在"外部效应"上,绅士阶层作为地方利益的代表,因其外在于政治结构而可能具有的地方性立场,既能团结起来通过动员群体的力量向政府施压,抵御国家权力的过度下沉,制衡其权力的滥用,也能为自己的同乡们提供利益诉求和意见表达的渠道,将不满的压力于重重渠道透至上听。同时,绅士阶层还可能与政府配合,承担政府所不能承担或不愿承担的事物,以推动基层治理目标的顺利实现。在"内部效应"上,士绅的治理对于塑造村庄的内聚力,培育彼此的互惠互信以及维系和再生产村庄共同体的价值系统具有重要的作用。

就本书的旨趣而言,乡绅治理对乡土社会的价值系统的维系和再生产是笔者关注的重点。相比于现代国家通过正式官员以形式规范化的法律来维系乡村社会的秩序和价值系统的运转,传统社会的乡绅工作虽然成本低,但效果却较为显著。黄宗智将这种治理模式概括为"集权的简约治理"。在他看来,除了政治(防止世袭统治的内部分裂)和经济(避免增加税收)上的考量,这种治理与儒家的政治理想有很大的关系,那就是儒家信奉的无为而治以及由此而来的推崇自我管理的道德社会

---

[1]　费孝通:《乡土中国与乡土重建》,风云时代出版社 1993 年版,第 147—169 页;费孝通:《中国绅士》,中国社会科学出版社 2006 年版,第 11 页。

的政治理想。[1] 在这一理想下，理想的治理方式是由社会自己消化纠纷，其具体做法是由乡村精英主持调解，通过树立道德楷模和惩戒越轨者，而在村民之间产生示范和警示效应，从而维系和再生产村庄的价值系统，并通过这种价值系统的良性运转，达到维持村庄秩序和教化民众的作用。

四、规训社会的规则意识和生活想象

通过乡绅和地方精英实施的简约治理，传统乡村社会遵循着一套实用主义的乡土伦理。进一步分析，这套乡土伦理的维系和再生产是传统社会结构下的产物。具体而言，实用性的乡土伦理源于被束缚于土地的社会结构和由此而来的面向村庄的生活预期和人生意义实现方式。在这种情景下，人们经由历史经验的反复提炼和升华，选择了以"报"为核心价值的人情维系作为其日常生活中进行权利实践的价值准则。我们不妨将之称为一种历史建构的理性，它是人们在历史经验中自愿选择和接受的一套为人处世的人生哲学。然而，这套价值体系的维系和再生产并不能仅仅因为其有用就自动得以实现，它还需要人们所认可的权威结构的支撑和维护。在乡土社会，这便是士绅所主导的儒家理想下的简约治理。正如前文所言，这种简约治理本身同样是传统社会现实下所能找到的一种合理的方式。

传统乡村社会的理想生活便是在横向和纵向的两种力量的相互作用下被维系和再生产的。在日常生活中，因为被束缚于土地而很少流动，乡土社会的人们都共享着一套同质性很高的乡土伦理。因为相对熟悉这一价值系统的运作，他们能够更有效地监督权威者的奖惩。而权威者对奖惩的有效实施，在巩固其权威的同时，也维系了这一价值系统的再生产。此外，无论是权威者还是普通人都面向村庄的生活，决定了他们都必须积极实践这一意义系统所认可的价值观，而尽可能去获取奖励规避惩罚。在这个过程中，横向的伦理生活和纵向的权威结构之间的良性互动得以产生。正是在这个意义上，乡土社会的正义观与被束缚于土地的社会结构，面向村庄的生活预期以及人生意义实现方式紧密相关。

在这样一个乡土社会中，人们对"权利"有着自己独特的、不同于西方现代权

---

[1] 黄宗智：《集权的简约治理：中国以准官员和纠纷解决为主的半正式基层行政》，载《开放时代》2008年第2期，第10—29页；黄宗智：《中西法律如何融合：道德、权利与实用》，载《中外法学》2010年第5期，第721—736页。

利理论的理解：首先，在本体论上，这种权利并不以"脱离情境的自我"为主体，也不以某些超验的、普遍的人性为预设，而是一种"角色扮演下的人"[1]或者存在于关系性事实中的人。[2]这样的人处于某种历史文化情境和社会的关系性存在之中，其对权利的合理的资格和主张并不是天赋的，而是需要在以"报"为核心价值的日常伦理生活中，通过道德资本的积累去获得的。

其次，在认识论上，这种权利所依据的理性并不是超越历史和情景的，其对事物的理解和认识无法离开历史的社会文化的积淀以及孕育其上的地方性知识。[3]更具体地说，由于被束缚于土地，并且面向村庄的生活预期和人生意义实现方式，再加上这一社会无处不在的"亲密"和"熟悉"，使得人们注重"人情"维系胜过"理性的支配"。这使得人们在实践权利时，"人情"和"理性"往往交替使用，且"人情"重于"理性"。标准是随人而定的，权利的实践遵循"私"的逻辑，小心翼翼，羞于启齿，不到迫不得已不会主动主张。这种私的逻辑又是由近及远，纳远入近的。关系越远，"理性"的考量越重而"情分"越浅，越有可能运用"公"的逻辑实践权利。同时，陌生人在较好地按照"礼"的要求扮演了自己的角色并获得他人认同之后，这种"情分"则可能拉近，从而在权利的实践和享有上重新获得"私"的待遇。在这个意义上，乡土社会中人们实践权利所依据的理性是一种历史建构的实用理性。

再次，在价值论上，这种权利的证成所依据的并不是"不证自明的天赋人权"，不是某种客观的正义准则或自然法，也不是形式理性化的某种规范，而是在乡土社会中人们对于生活意义和人之德性的价值建构。换言之，乡土社会的人们在实践权利时并不以现代政治意义上的正当为基础，而更多强调伦理意义上的善，其所依据的是一套兼有两者含义但伦理之善更为优先的地方性正义观念。而在这套观念中，人们对权利的获取或者说对某种资格的享有，离不开其在日常生活的"角色扮演"中所积累的道德人格。

---

[1] Henry Rosemont,"Rights-Bearing Individuals and Role-Bearing Persons", Mary Bockover (ed), *Rules, Rituals and Responsibility: Essays Dedicated to Herbert Fingarette*, Open Court, 1991, p.71-102.

[2] 赵汀阳：《预付人权——一种非西方的普遍人权理论》，载《中国社会科学》2006年第4期，第24页。

[3] 关于"历史建理性"的观点，参见李泽厚：《历史本体论·己卯五说》，生活·读书·新知三联书店2008年版，第35—47页；李泽厚：《人类学历史本体论》，天津社会科学出版社2008年版，第84—93页。

最后，在实践中，这种权利的实现离不开对"度"的把握。李泽厚将"度"看作"掌握分寸，恰到好处"，它是一种存在于人类实践中的"人的一种创造，一种制作"[1]。"度"的灵活性常常可以帮助人们更好地实现权利，毕竟人们的现实生活中存在各种复杂性，因此也难以用统一的形式理性化的规则来处理。在这个意义上，如果可以依据具体的情景，恰到好处地实践权利，确实不失为一个理想结果。然而，我们也应该看到，"度"的把握因为缺少一套相对刚性严苛的程序，常常会使权利在实践中因为一些其他原因而具有较大的弹性。这种弹性有时是自愿的对权利的放弃，而有时则是被迫地甚至是残酷地对权利的压抑和剥夺。上述两种情况共同构成了乡土社会中权利实践的困境：如果追求"度"的稳定，而遵循普遍客观标准，必然会淡化因"私"而存有的"亲密"和"熟悉"以及对"角色扮演"以积累道德资本这一价值观的有效维系和再生产。而要维持这样一种熟悉、亲密的生活方式及其伦理价值观，并且又能适度地把握权利实践不走极端，又往往需要一个良序的村庄和稳定的权威结构，并且人们还要共享一套支撑上述伦理价值的地方性正义观念。换句话说，关系到乡土社会的权利实践效果的"度"最终也还是与束缚于土地的社会结构、面向村庄的生活预期以及人生意义的实现方式密切相关。

综上所述，乡土社会中的人们对"权利"的理解和据此对美好生活的想象，与现代性为我们勾勒的那幅图景有着很大的差异。后者更多强调的是在一个开放的社会中，拥有自由的个体，能够运用自己的理性，为自己的美好生活自主地做出选择，而个人权利在这个过程中所提供的，除了基本的生存生活保障之外，便是确保个人这种自主选择的自由。与之相对，乡土社会中的人们对权利和美好生活的理解则首先受到一套外在结构的约束。更具体地说，相对封闭、流动性低、村庄舆论强、生活预期长远的乡土社会在很大程度上建构了人们对生活交往的预期，而借助于绅士的家长式的权威统治，这种预期最终潜移默化为人们习焉不察的习性。在这样的社会中，人们的权利意识、自由选择的成分少一些，而外在规范的意味却多一些。在这个意义上，乡土社会中的人们其实是生活在一个规训社会中，而其权利意识中更突出的是被动接受的规则意识而不是自由选择的自主意识。换言之，乡土中国的人们还尚未经历过现代化之后的启蒙过程。因此，当乡土社会不可避免地遭到外在冲

---

[1] 关于"历史建理性"的观点，参见李泽厚：《历史本体论·己卯五说》，生活·读书·新知三联书店 2008 年版，第 8—10 页；李泽厚：《人类学历史本体论》，天津社会科学出版社 2008 年版，第 84—93 页。

击而出现结构混乱的时候，身处其中的人们无论是在权利实践还是生活想象上都表现出了很大的不确定性。

五、小　结

本章描述了传统乡土社会中人们的权利实践和生活想象。在横向的日常生活层面，乡土社会中的人们遵循着一套实用性的乡土伦理，这一伦理以"报"为核心价值，通过"人情"的亏欠和给予以及人情往来的良性道德实践所具有的示范效应，维系并滋养了人际间的微观权力运作。在纵向的治理层面，乡土社会采用的是一种绅士主导的儒化的简约治理。这一权威结构通过对遵循者的奖励和对越轨者的惩罚这种看得见的方式维系了实用性乡土伦理的再生产。

通过横向的伦理生活和纵向的权威结构之间的良性互动，乡土社会中的人们被塑造出了独特的权利理解和生活想象。在本体论上，这种权利基于角色扮演下的人而非脱离情境的自我，其对权利的资格和主张并不是天赋的，而是需要通过道德资本的积累去获得的。在认识论上，这种权利所依据的理性并不是先验、超越历史和情景的，而是立足于文化积淀和地方性之上的实用理性。在价值论上，乡土社会的人们在实践权利时更强调实用性的乡土伦理，而非形式理性化的普遍规范。最后在具体的实践层面，这一权利实践讲究对度的恰到好处的把握。

塑造上述特征的更深层次的结构性因素是乡土社会的封闭、低流动性、强村庄舆论和向内的生活预期。正是在这个意义上，我们认为乡土社会是一个规训社会，而身处其中的人们对权利的理解更多地表现为被动接受的规则意识而不是自由选择的自主意识。

第九章　当下中国的权利实践和生活想象

第八章分析了乡土社会中人们的权利实践和生活想象。因为被束缚于土地，乡土社会发展出了一套实用性的乡土伦理以及相应的独特的权利理解和生活实践。然而，这一伦理在剧烈的社会文化变迁过程中遭遇了严峻的挑战，当其赖以生长和延续的结构性生态不复存在时，当下中国人的权利实践和生活想象究竟会表现为怎样的一幅图景值得我们继续分析。

研究发现，当下中国在私人领域出现了价值虚无主义和无公德的个人主义现象，而在政治生活领域，基层社会的治理则呈现出一种去实体化的倾向，基层政府在自身权力弱化和维稳的双重压力面前，往往以"大闹大解决，不闹不解决"的方式平息社会冲突，并进而在人们中间产生了一种"不平等的示范和倒逼现象"。结果，横向生活领域的价值虚无和纵向治理领域的去实体化倾向共同导致了"权利实践的逆向循环"。

一、变迁社会的价值混乱

关于社会变迁所导致的失序状态，比较精辟的概括是"语言混乱"[1]和"结构混乱"[2]。两者均与市场经济的嵌入，随之而来的生产、生活方式的变革以及此一背景下现代法律介入村民日常生活所带来的挑战有关。

---

[1]　朱晓阳：《语言混乱与法律人类学的整体论进路》，载《中国社会科学》2007年第2期，第106—117页。

[2]　董磊明、陈柏峰、聂良波：《结构混乱与迎法下乡：河南宋村法律实践的解读》，载《中国社会科学》2008年第5期，第87—100页。

　　"语言混乱"的价值在于强调了吉尔茨的"法律的语言混乱"（confusion of legal tongues）问题，即其他世界中"业已确立的正义观同从外部引入的，更多反映现代生活方式和压力的正义观之间的紧张"。[1] 而"结构混乱"的意义在于提醒我们关注乡村社会在村庄与外部世界的联系、村民价值观念、人际交往方式和行动逻辑、村庄社会分层、村庄社会舆论以及村庄权威结构等问题上发生的变化以及这些变化对于乡村社会的正义观念或价值系统所产生的影响。[2]

　　"语言混乱"和"结构混乱"对乡村社会生活世界及其价值体系带来了很大的冲击。随着现代性和市场化因素的进入，村庄的开放性和流动性都大为增强，这在根本上改变了村庄的面貌。具体来说，在人际交往中，乡村社会正在从熟悉、亲密的"熟人社会"走向"半熟人社会"，[3] 甚至出现了村庄中的"陌生人"现象。亲密关系的改变，也使得人际交往逻辑中"人情"重于"理性"的趋势发生改变，人际交往开始出现了工具性倾向，基于工具性需求而非伦理情感的交往开始增多。在内容上，表达性的礼物在人际关系建构中的比重明显下降，而工具性礼物则变得十分重要。[4] 比如在笔者的调研中，不少人都反映他们用来经营生意伙伴、上级领导、孩子老师、单位同事的人情投入已经大大超过他们在经营亲戚关系的支出。这样的人际交往，虽然仍然遵循"报"的互惠性，但其伦理色彩在淡化而工具性考量则不断加重。[5] 而随着生产和经济上的日益独立，村民之间的互助减少，对彼此的期待降低，人情往来的频率也随之降低。以笔者在中部地区的调研为例，在水利灌溉上，很多家庭都已经不再寻求亲戚或邻居间的合作，而是自己买水泵，进行灌溉。

　　在社会分层中，经济因素逐步主导了分层标准，并形成了一种"富即光荣"的新价值观，而原先在分层中占据重要地位的德望、能力等标准则渐趋式微。对此一个典型的例证便是很多乡村地区都出现了"笑贫不笑娼"的现象。在笔者对中部地区的调研中，不少村民都谈到他们身边有女孩子在歌厅或洗浴中心工作，但言语之

---

[1]　朱晓阳：《语言混乱与法律人类学的整体论进路》，载《中国社会科学》2007年第2期，第108页。

[2]　董磊明、陈柏峰、聂良波：《结构混乱与迎法下乡：河南宋村法律实践的解读》，载《中国社会科学》2008年第5期，第87—100页。

[3]　贺雪峰：《新乡土中国》，广西师范大学出版社2003年版，第1—3页。

[4]　谭同学：《桥村有道——转型乡村的道德、权力与社会结构》，生活·读书·新知三联书店2010年版，第409页。

[5]　谭同学：《桥村有道——转型乡村的道德、权力与社会结构》，生活·读书·新知三联书店2010年版，第407页；See also Yan Yunxiang, *The Individualization of Chinese Society*, Berg, 2009, pp.85-108.

间却没有过多的指责，这样的态度要是放在传统时代是完全无法想象的。社会分层标准的财富化，使得村民在经济分层上被逐步拉开距离的同时，出现了羡慕、嫉妒，甚至恨的心理，进而或主动或被迫地加入到对财富的追逐之中。[1] 这种财富观念主导的分层标准，在打破了之前村庄中相对平均的社会结构的同时，也动摇了村民对人生意义的理解。随着传统和社会主义道德观的弱化、消费主义文化的兴起以及功利主义价值观的进入，这种"一切向钱看"的价值观在缺少竞争对手又被各种欲望刺激之后，在村民对人生意义的理解中正在逐步占据主导地位。[2] 对此的一个例证是在笔者调研的地区，有不少人不学无术，只是靠着狠劲和大胆闯出来一片天。这些人因为有钱有势，都成了村民眼中的能人和很多年轻人效仿的对象。

在村庄公共生活中，随着村民隐私意识的增强、独立空间和自由度的增加，村庄社会舆论所能发挥的惩罚作用几乎消失。[3] 这对于那些不在村庄中生活，甚至准备脱离村庄的人来说，体现得更为明显。同时，村庄舆论的去道德化趋势也比较明显。人们尽管还经常聚在一起聊天，但往往都是一些无关道德的八卦，很少公开对某人的言行进行评价和指摘，因为大家都不太愿意得罪人，况且在当下这个价值多元混杂的社会，究竟谁对谁错也不再像以前那么一清二楚。而基于各种原因，刚刚从集体化的束缚中摆脱出来的人们，却没有相对独立的公共空间可以让他们投入到有意义的社群生活之中。虽然在基层社会我们经常能看到人们三五成群的打麻将或者跳广场舞，但这两种行为更接近休闲娱乐的性质，而不是一种政治生活。这样一种公共生活缺位的状态，导致个人尤其是年轻人在没有伦理生活范导的情况下出现了"无公德"的现象。[4]

此外，乡村社会的"结构混乱"也对原有的村庄权威结构造成了冲击。在日常生活中，年轻人的地位极大提高，与之伴随的是老人的式微和孝道的衰落。在政治

---

[1] 谭同学：《桥村有道——转型乡村的道德、权力与社会结构》，生活·读书·新知三联书店2010年版，第406页。

[2] 阎云翔：《私人生活的变革：一个中国村庄中的爱情、家庭与亲密关系 1949—1999》，龚小夏译，上海书店出版社2006年版，第201—208页；谭同学：《桥村有道——转型乡村的道德、权力与社会结构》，生活·读书·新知三联书店2010年版，第415页。

[3] 阎云翔：《私人生活的变革：一个中国村庄中的爱情、家庭与亲密关系 1949—1999》，龚小夏译，上海书店出版社2006年版，第203—204页。

[4] 阎云翔：《私人生活的变革：一个中国村庄中的爱情、家庭与亲密关系 1949—1999》，龚小夏译，上海书店出版社2006年版，第243—245页。

生活中，类似传统社会的长老式人物逐步减少，取而代之的是经济精英、光棍，甚至是混混对村庄秩序的把持。[1] 比如在笔者调研的很多村庄中，担任村主任的大多是村里家族大、个人能力强的人。只有这样的人，才有足够的权威和力量去贯彻和执行好上级交代的政治任务。究其根源，税费改革之后，随着国家治理转型，基层政权的常规权力开始大幅退出村庄，这从客观上迎合了实用性能人（未必是道德楷模）把持村政的现实，进而助长了村庄权威结构的去道德化。

"语言混乱"和"结构混乱"恰对应于费孝通在《乡土中国》提出的问题和忧虑，即在社会结构和思想观念没有发生相应变化之前，就简单地把现代的司法制度推行下乡，其结果是"法治秩序的好处未得，而破坏礼治秩序的弊病却已经先发生了"。[2] 费孝通所提出的问题，在今天仍然困扰着乡土社会，区别只在于当下中国乡村社会在社会结构和思想观念上摇摆于礼俗社会和法理社会之间的程度有所不同。换句话说，随着国家改革的深入，现代性的生产、生活方式及其传递的价值理念已经更深入地渗透进乡土社会之中，这一方向已经无可逆转。然而这一过程却绝不是现代性理念对村庄既有价值的替代，而更多地表现为不同价值理念之间的混杂和张力。一方面，国家法律及其带有理性色彩的规范开始渗透进来，并日益在村民的日常生活中发挥重要作用；另一方面，人们在一些领域中仍然沿用了带有传统记忆的地方性规范。此外，一些诸如个人主义、物质享乐的思想也在改变村民既有的认知，并且在缺少相应的范导的情况下，有演变为极端个人化和盲目攀比的趋势。正是在这个意义上，我们认为今天的乡村社会存在着价值混乱的现象，而这对人们理解权利和实现美好生活带来了挑战。

二、权宜式的基层治理

上文主要讨论了社会转型的"语言混乱"和"结构混乱"对横向的人们日常生活所带来的冲击。接下来，我们再来看看社会转型对纵向的国家社会互动所带来的变化。

相比于传统乡村社会的简约式的、"皇权不下县"的绅士治理，今天的国家全

---

[1] 陈柏峰：《乡村江湖：两湖平原"混混"研究（1980—2008）》，中国政法大学出版社 2011 年版，第 173—202 页。

[2] 费孝通：《乡土中国》，生活·读书·新知三联书店 1985 年版，第 59 页。

面渗透进了我们的日常生活。首先，在意识形态层面，我们今天的政府强调共产党领导下的全心全意为人民服务。这也意味着，党要带领广大人民群众投身到社会主义建设的事业中去，要改善旧中国贫弱受人欺凌的局面，而创造一个富强文明的新中国，实现中华民族的伟大复兴和人民富足的中国梦。这显然不同于儒家主张"无为而治"的治国理念，而是一种更加进取和主动的治国思路。

进而，在制度设置层面，为了更好地贯彻国家意志，今天的国家权力也早已打破了"皇权不下县"的约束，逐级渗透到了基层社会，并直接面对每一个个人，从而既便于执行国家政策，也便于随时倾听和解决群众疾苦。[1] 同时，不同于传统社会主要依靠儒家伦理及其制度化的法律、习俗治理社会，今天的政府更加注重现代性的法律制度在治国理政中的作用。这不仅体现在各种法律、法规的制度颁布上，也体现在一系列"送法下乡"的制度宣传和推广上。

再次，在具体的实践层面，国家对基层的治理除了借助各种法律制度，更重要的是依靠目标考核调动地方各级政府及其官员投身到具体的各项治理事物中去。而在这一官僚体系中，最重要的考核主要是两块：一个是经济发展和民生改善，另一个便是社会稳定。两者之间相辅相成，相互促进。更具体地说，经济发展往往需要招商引资，而这需要土地；民生改善需要改善城市和乡村的基础设施建设，需要进行老旧棚户区的翻新改造等，这仍然需要土地。换句话说，当前的经济发展和民生改善往往和土地的开发利用联系在一起。而当目前的土地供给不足以满足需求的时候，就需要向周边扩展，从而进一步城市化，而这就需要征地拆迁。此外，除了部分沿海发达地区，中国大部分欠发达地区的基层政府高度依赖于土地财政，这也促使他们更热衷于土地开发。[2] 毕竟，抛开逐利的目的，基层政府的基本运转和开销也需要财政支持。然而随着土地开发和城市化进程的加速推进，不可避免地产生了各类社会矛盾。无论是在征地拆迁中的利益受损者，[3] 还是在这一过程中出现的试图谋

---

[1] 申端锋：《乡村治权与分类治理：农民上访研究的范式转换》，载《开放时代》2010 年第 6 期，第 5—23 页。

[2] 周飞舟：《生财有道：土地开发和转让中的政府和农民》，载《社会学研究》2007 年第 1 期，第 49—82 页；You-tien Hsing, *The Great Urban Transformation : Politics of Land and Property in China*, Oxford University Press, 2010.

[3] 于建嵘：《土地问题已成为农民维权抗争的焦点：关于当前我国农村社会形势的一项专题调研》，载《调研世界》2005 年第 3 期，第 22—23 页；耿羽：《征迁政治：基层治理视域中的白沙区土地开发（1990—2013）》，华中科技大学 2013 年博士学位论文。

利的机会主义者，[1] 都将抗争的矛头指向了基层政府，并且制造了很大的社会不稳定因素。于建嵘的调研显示，当前绝大多数的社会纠纷与土地问题相关。[2] 而笔者的调研也显示，基层政府将很大一部分精力和资源都用于维稳，而其中由土地引发的矛盾占据了大多数。正是在这个意义上，促进经济发展和维护社会稳定恰如一个硬币的两面，无法分割，但相互影响。是否能让两者之间形成良性互动，成为当前很多基层政府的头等工作。然而，这项工作受到各种结构性因素的制约，而常常在实践中出现异化。接下来笔者将结合自己的调研经验细致分析这些结构性因素的影响及其后果。

　　首先，基层政府的治理行为受到国家合法性构成及其张力的约束。具体来说，当前中国政府的合法性其实具有不同的维度，既包括政绩合法性、规范合法性，也包括意识形态合法性。其中，"意识形态合法性"对应一套具有吸引力的价值体系；[3] "规范合法性"用以反映国家致力于制度化其行为的各种努力，[4] 并区别于民主国家基于选举而产生的"程序合法性"（procedure-based legitimacy）；[5] 而"政绩合法性"则对应国家能够提供的各种经济、社会服务。[6] 更具体地说，当前中国政府的"合法性"既不同于集体化时代的意识形态优先，也有别于民主国家的法律至上和竞争性选举，而是在改造意识形态的同时，更加强调制度建设和政绩提升。进言之，随着改革的推进，社会主义法治开始成为一种新的意识形态，这进而促进了"规范合法性"的提升。与此同时，国家也没有放弃对原有的社会主义意识形态的强调，并一直致力于为民众提供良好的政绩和服务。然而，合法性构成的这三个维度之间并不总是自洽的，而是时常产生冲突的，这进而影响了基层政府的治理行为。以治

[1]　陈柏峰：《无理上访与基层法治》，载《中外法学》2011 年第 2 期，第 227—247 页；田先红：《从维权到谋利：农民上访行为逻辑变迁的一个解释框架》，载《开放时代》2010 年第 6 期，第 24—38 页。

[2]　于建嵘：《土地问题已成为农民维权抗争的焦点：关于当前我国农村社会形势的一项专题调研》，载《调研世界》2005 年第 3 期，第 22—23 页。

[3]　Zhao Dingxin, "The Mandate of Heaven and Performance Legitimation in Historical and Contemporary China", *American Behavioral Scientist*, 2009 (3), p.418.

[4]　Gunter Schubert,"One-Party Rule and the Question of Legitimacy in Contemporary China: Preliminary Thoughts on Setting Up a New Research Agenda", *Journal of Contemporary China*, 2008 (54), p.196.

[5]　Zhao Dingxin, "Authoritarian State and Contentious Politics", K.T. Leicht and J.C. Jenkins (ed), *Handbook of Politics: State and Society in Global Perspective*, Springer, 2010, p.471.

[6]　Zhao Dingxin, "The Mandate of Heaven and Performance Legitimation in Historical and Contemporary China", *American Behavioral Scientist*, 2009(3), pp.416-433; Elizabeth J.Perry, (2008) "Chinese Conceptions of Rights: From Mencius to Mao- and Now", *Perspectives on Politics*, 2008 (1), pp.37-50.

理上访这种当下中国最常见的群众抗争为例，信访制度的"群众路线"的意识形态原本具有动员和教育大众的双重功能。[1]然而随着依法治国的推进，"群众路线"已经很难发挥其区分并规训大众的功能，因为这与法律面前人人平等的观念相矛盾。再比如，收容遣送和劳教制度的废除，其更深层的原因也是依法治国理念下的制度安排与阶级斗争思维下的社会控制体系的冲突。而在上述治理手段相继失效的同时，国家基于政绩的考虑，仍然强调为民排忧解难，甚至不惜为此牺牲法制而对上访人提供兜底服务。上述矛盾使基层政府往往难以有效区分有理和无理上访者，并迫于政绩压力而常常对无理上访者做出妥协。[2]

其次，基层政府的治理行为还受到国家能力变化的影响。迈克尔·曼恩（Michael Mann）区分了两种不同的国家能力：一种是国家的"专断性权力"（despotic power），即国家精英在不与市民社会进行制度化商谈前提下的自行配置资源的权力；一种是国家的"基础性权力"（infrastructural power），即国家渗透市民社会并贯彻其决策的制度化能力。[3]根据曼恩的界定，当前政府具有相对较低的"基础性权力"，但其"专断性"权力仍然较强。我们仍以治理上访为例展开分析。就国家的"专断性权力"来说，基层政府仍然掌握了大量的优质资源，并有足够的权威决定其分配。并且在关涉民生改革的各项重大工作中，基层政府也仍然具有足够的决定权和话语权。而当这种权力的行使缺少来自社会的制衡时，其难免会引发社会矛盾。就国家的"基础性权力"而言，随着农业税费的取消，基层政府失去了一大治理资源。同时，随着土地承包到个人并且承诺"长久不变"，基层政府又失去另一种治理的手段。按基层官员的说法，以前做村民工作的时候，他们还会考虑到税费征收和土地调整的问题，从而会在眼前利益和将来利益之间做出权衡，这样工作就好开展。而现在失去了上述治理资源，基层也就失去了和村民博弈的砝码。此外，相比于集体化时代国家对社会的严密控制，今天的社会则要开放很多。集体化时代实现粮食配给制度，

---

[1] 冯仕政：《国家政权建设与新中国信访制度的形成及演变》，载《社会学研究》2012年第4期，第25—47页。

[2] 陈柏峰：《无理上访与基层法治》，载《中外法学》2011年第2期，第227—247页；田先红：《从维权到谋利：农民上访行为逻辑变迁的一个解释框架》，载《开放时代》2010年第6期，第24—38页；See also Gui Xiaowei, "How Local Authorities Handling Nail-like Petitions and Why Concessions are Made", *Chinese Sociological Review*, 2017 (Forthcoming).

[3] Michael Mann, *The Sources of Social Power. Vol.2, The Rise of Classes and Nation States, 1760-1914*, Cambridge University Press, 1993, p.59.

住宿以及买火车票还需要单位开介绍信，而且还有对盲目流窜人员的劳教和收容遣送制度，这些严密的社会控制手段都是国家基础性权力在那个时代的重要组成。然而，这些制度随着市场化改革和依法治国的逐步推进，都逐渐被淘汰，与之相应，基层政府的治权进一步弱化，从而难以有效控制赴京到省的上访者。综上所述，我们看到了国家能力的悖论式的变化：一方面，仍然强大的"专断性权力"常常绕过社会的监督自行其是，从而在源头上制造了很多社会矛盾；但另一方面，不断弱化的"基础性权力"又束缚了基层政府解决这些矛盾的手脚，从而使其左右为难，疲于应对。

国家合法性和国家能力这两个宏观层面要素的变化进而又影响了微观层面的治理实践。更具体地说，受合法性内在张力的影响，国家的治理思路在"群众路线"和"依法治国"之间摇摆不定，体现在具体的目标管理上，国家一方面强调应该全心全意为人民服务，认真倾听他们的要求；另一方面又强调必须将矛盾控制在基层，并且不能采用暴力违法手段。换句话说，中央对基层的考核，既是考核处理问题的结果也是考核处理问题的形式。而基层治理能力的弱化，导致基层很难向集体化时代那样，依靠强大的社会控制去保证考核需要的结果，但同时却仍然要承担考核任务无法完成而产生的巨大压力。

首先，这样的政治生态造成了政府机构以及官员之间的利益分歧。就政府结构间的分歧而言，基层政府不再像从前那样可以随意支配法院、公安或者是劳教部门按照其意志去治理上访人。上述机构随着依法治国的推进，越来越独立并且有自己更加清晰的权限和职能，这成为他们抵御基层政府的越界要求的依据。比如，警察和法院往往不愿意介入截访和征地拆迁工作中，而他们相对独立的职权和职能给了他们足够的理由去与基层政府博弈。同样的现象也存在于劳教废除之前的劳教机构。在笔者的调研中，劳教机构一般也不愿意劳教信访"钉子户"，而他们一般也都具有比基层政府更高的行政级别，这使他们有条件拒绝基层政府的要求。此外，媒体与政府之间的也常常存在利益分歧。尊重法律（即"规范合法性"）常常为媒体和公检法争取了自主的空间。而这种空间进而为上访人提供了很大的便利。

除了国家机构间的利益分歧所释放的政治机会，具体从事治理实践的基层官员和他们的帮手之间也存在分歧。在米格代尔的"国家人类学"（anthropology of the state）设想中，国家被化分为四层，其中直接与各种社会力量接触的基层官员被看作一个重要的层级。[1] 在中国，国家在基层的治理主体主要由三类人构成，他们是地方主要官员、地方普通官员和准官员（即村、组干部）。相比官僚机构间的"分歧"，上述主体在抗争治理过程中的利益分化同样为抗争者提供了很多政治机会。具体来说，地方主要官员是体制内考核压力的直接承受者，他们因此倾向于在适当的时机向缠访人妥协。地方普通官员是否尽力则首先要看其是否具有升迁的可能。职业前景暗淡的官员更可能选择消极避事或者出工不出力。作为准官员的村、组干部往往也会消极应付上面派来的任务，因为他们不仅缺少职业激励还不得不面对与之相熟的缠访人带来的伦理压力。

结果，面对层层下达的压力，基层政府因国家基础性权力弱化（比如农业税的取消、土地承包的长久不变以及各种诸如收容遣送、劳教制度的控制制度的取消）而失去了有效控制上访的第一层屏障。这导致了压力的进一步升级，进而挤压出了国家机构以及具体处理上访问题的基层官员之间的利益分化，这又进一步地削弱了基层政府控制上访的能力，这可以看作第二层控制屏障的松动，再一次加大了基层政府控制上访的压力。最后，在上述因素的作用下，基层政府不得不采用各种具体的策略以求暂时的解决信访问题，规避自己的责任，并且维护社会的稳定，从而缓解考核的压力。

综上所述，我们认为今天的纵向的国家社会关系出现了一种按力量对比而不仅仅是是非对错决定结果的现象。而这种现象又不可避免地反馈到横向的村民的日常生活当中来，在人们的攀比过程中，更多的"钉子户"被生产了出来，从而为基层治理带来更大的压力。接下来我们将详细阐述权利实践的横向的日常生活维度和纵向的基层治理维度之间的这种逆向循环及其后果。

三、权利实践的逆向循环及其生活想象

在调研中，笔者感觉村庄社会似乎总是存在一股戾气。人们对于会耍狠的"钉子户"又羡慕又痛恨。所谓羡慕是因为"钉子户"常常在对抗政府的过程中获得了更多的利益，而所谓痛恨大抵也与此有关，那就是为什么那个获利更多的人不是我。

[1] Joel S. Migdal, *State in Society: Studying How States and Societies Transform and Constitute One Another*, Cambridge University Press, 2001, pp.117-118.

这是一种很直观的情绪，用现在最流行的语词描述，那就是"羡慕嫉妒恨"。

村庄当中为什么会有这样的戾气？原本作为村庄边缘人的"钉子户"又为什么成为了大家"羡慕嫉妒恨"的对象？笔者认为这和当下村庄社会中"权利实践的逆向循环及其生活想象"有关。简言之，这一逆向循环由横向的日常生活中的价值混乱和纵向的国家社会互动中的权宜式治理所共同塑造。接下来笔者将逐步展开分析。

按照李连江和欧博文的观察，20世纪90年代以前的乡村社会鲜有"钉子户"能够成功地挑战基层政府。[1] 相应的，那个时候的"钉子户"也很难获得村民们的"羡慕嫉妒恨"。称他们为村庄中的边缘人恐怕是恰如其分的。那么为什么今天的"钉子户"却常常可以迫使国家对他们做出妥协呢？在本章的第二节，我们分析了其中的原因，归结起来主要有三点：首先是国家控制能力的弱化使得基层政府不可能像以前那样控制上访人，这进而导致了基层官员之间的利益分化，而与此同时，来自上级的摇摆于控制和便利上访之间的充满矛盾的指令又进一步限制了基层官员的策略选择空间，结果他们交替采用压制型策略、过滤型策略和妥协型策略来解决问题。这其中，意志坚定的"钉子户"得以坚持下来，并在"成功"地迫使基层政府赎买他们的同时，获得了周围人的关注。笔者把这称为"权宜型的治理"。当"权宜型治理"被置于价值混乱的日常生活场景中的时候，其弊端被进一步扩大了。在本章的第一节，我们描述了社会转型带给乡村社会的价值混乱。这种价值混乱对传统社会的权威观念提出了挑战，老实本分不再是人们学习的对象。取而代之的是富即光荣的思想和人们对权力或者强力的追捧，因为后两者在这个变迁的时代能够为人们带来更多的机会和利益。而由于不再被束缚于土地，也让人们不再像以前那样在乎村庄舆论，并且以更长远的预期来约束自己的行为。上述村庄生态显然更有利于蛮不讲理的"钉子户"而不是老实本分的农民，而每一次当有"钉子户"因为自己的缠闹行为而有所斩获时，其周围人对力的推崇也就更多了一分。

在利益的诱惑和驱动下，越来越多的人开始学习成为"钉子户"。比如笔者所调研的一位妇女在集体化时代就是村庄的边缘人，她的父亲是倒插门，而她的母亲家在村庄中又是独门小户。在她很小的时候，她的父亲就离家出走，因此她从小就受尽了邻居的歧视、白眼、嘲讽和排挤，甚至于在和村干部起了纠纷，流产了之后

---

[1]　Li Lianjiang and Kevin J. O'Brien, "Villagers and Popular Resistance in Contemporary China", *Modern China*, 1996 (1), pp.28-61.

也不敢声张。2000 年以后，随着政策的放松，她开始慢慢走上上访之路。一开始她也只是试探，在多次上访乡村两级后，终于有一天乡委书记看她可怜，给了她一笔资助。尝到甜头之后的她一发不可收拾，甚至在大年初一都要去乡里串门。在笔者去当地调研的时候，基层政府终于不堪其扰，和她签订了停访息诉协议，同意给她几万块钱并且给她提供一个每月几百块钱的工作。不过就在最近，笔者和负责该乡信访工作的副乡长见面的时候，他告诉笔者这个上访户又开始上访了，理由是对现在的信访救助金额不满意。类似的例子在笔者的调研中并不鲜见。很多上访人都是从一开始的"试探"到尝到"甜头"，进而到相互"攀比"，最后再到继续投入时间精力与政府博弈。再比如另一位老上访户，在笔者调研的时候他已经准备和乡政府签订停访息诉协议，但是恰在此时，邻乡的另一位上访户获得了更高的补偿，于是他决定继续通过上访和政治博弈，以求得同样的待遇。这些人以前都不是"钉子户"，而他们成为"钉子户"的过程，如上文所述，是受到了两个因素（纵向的权宜式治理和横向的村庄社会的价值混乱）的相互塑造。一方面，权宜式治理说明基层政府无法有效地应对"钉子户"，从而不得不变通地对他们进行妥协。而这种妥协在村庄社会价值混乱的背景下，被人们看作有本事，从而引发了更大范围内的效仿。另一方面，当越来越多的人学做"钉子户"的时候，又给基层带来了更大的压力。相应的，上访人就需要变得更加懂策略，更加坚定。笔者将上述互动过程称为"权利实践的逆向循环"。之所以是"逆向"循环，是相对传统乡村社会的理想类型而言的。在那个社会生态中，在横向的日常生活中，人们熟悉并遵守一套实用性的乡土伦理。因为被束缚于土地并且面向村庄的生活预期，人们很少会通过极端的方式背离这套伦理。此外，在国家社会互动的纵向维度上，乡土社会的权威结构会确保违规者受到惩罚，行为规则者受到褒奖。其所依据的标准也仍然是大家所共同接受和认可的，从而也可让大家进行监督。与之相比，当前的村庄社会处于社会变迁的过程中。在横向的日常生活层面，现代性进入之后导致的"语言混乱"和"结构混乱"使乡土社会出现了价值混乱局面。同时村庄的开放性和流动性的增加也使人们不太在意村庄内舆论对自己的评价。而市场化的深入也提供了更多的生活机会，让人们之间的互助和依赖度大大降低。所有这些都使得人们更看重眼前的既得利益，而不再是种种为人处世的道德标准，实用性的依靠"强力"或者"变通"，甚至是"灰色"手段的发家致富成为大家竞相效仿的目标。然而，面对村庄日常生活中的价值混乱现象，纵向的国家和社会互动的过程不仅没有起到纠正作用，反而通过其"奖励"越轨者和缠闹者的方式给出了"逆向"的范导。在各种诸如征地、拆迁、上访纠纷的处理过程中，老实本分人吃亏，能缠能闹者获利成为一种普遍现象，这种"不平等的示范和倒逼效应"迫使更多人通过试探、获利、攀比、继续斗狠的方式逐步升级与地方政府的博弈。而地方政府在控制社会能力弱化、内部利益分化和上级的多重且自相矛盾的压力面前的权宜式治理时，不仅无法抑制这样的缠闹"钉子户"，还在鼓励和生产更多的"钉子户"。结果，横向的日常生活中的价值混乱和纵向的国家社会互动中的权宜式治理之间的这种逆向互动，塑造了人们的戾气，也强化了人们"大闹大解决、不闹不解决"的认识。正是在这个意义上，笔者将这种现象概括为"权利实践的逆向循环"。

"权利实践的逆向循环"塑造了人们通过缠闹解决问题的"潜规则意识"和与之相应的不讲规则但求利益实效的"富即光荣"的生活想象。与传统乡土社会那种强调规训的氛围相比，今天的社会因为转型而未定型，更加多元开放，但也因此更加缺少确定性。人们从被束缚的土地上以及与之相伴生的乡土伦理中解放了出来，获得了更多的机会和自由，但也缺少了相应的束缚和敬畏。而国家在推进制度化建设的过程中，在赋予了人们更多权利的同时，因为种种原因，却尚未达到预期的治理效果。结果，在一个喧嚣的、充满了利益博弈的生态环境里，由于既有的秩序及其价值观被打破，而新的秩序和价值观尚未牢固，从而出现了种种崇尚实用、力量的暴戾之气，这种氛围让人们将"潜规则"看成解决问题的权宜手段，而一旦这种手段获得了效果，便进而加强了人们对于"潜规则"的信心。这种现象导致乡土社会暂时还未走上权利实践的良性运转之路。

四、小　　结

本章分析了当下中国社会的权利实践和生活想象。研究发现，相比于传统社会，当下的基层中国正在经历前所未有的大变局，而这种剧烈的社会变迁不可避免地对身处其中的人们的生活带来了影响。在横向的日常生活中，实用性的乡土伦理遭遇挑战，出现了多元价值混杂的局面。崇尚力量、讲求实际利益、富即光荣的思想成为一种主流。而在纵向的国家社会互动中，基层政府的社会控制能力在国家推行的各项便利群众的制度化改革过程中被进一步约束，但国家并未就此放松对基层处理各种复杂问题的考核。生存在上级和抗争者的夹缝中的基层社会不得不通过权宜式治理寻找自己的生存空间。然而，当权宜式治理和基层社会以存在的戾气相互作用之后，双方产生了一种逆向的循环。一方面好勇斗狠的"钉子户"通过权宜式治理获得了好处，并成为人们效仿的对象；另一方面权宜式治理对"钉子户"缠闹的奖励又鼓励了更多的人挑战基层的权威。

需要指出的是，上述现象出现的一个大前提是国家制度化社会冲突的努力。是国家为了改善民生，为了推进社会主义法治建设而主动选择了更加规范和更多赋权的改革路径，也正是在这个意义上，今天的人们才享有了相比于传统社会和集体化时代更多的自由。他们中的一些人才敢在利益受损之后表达自己的声音，并且通过具体的行动维护自己的权益。但任何制度化改革都不可能是一蹴而就的，对于同时面临城市化、市场化和全球化冲击的转型中国，这种制度改革无疑更加艰巨。在这个意义上，目前的一些混乱现象是改革所必然要付出的学费，而改革的前景仍然值得期待和进一步观察。

第十章 结 语

在现代社会，谈论美好生活，一个绕不过去的词语便是"权利"。恰如本书在梳理西方权利话语时所指出的，我们今天已习焉不察的一套现代性话语以及根植其上的对美好生活的理解，其实源自西方启蒙思想家对古典传统的背离。在传统观念中，人是一种双重性的动物，既涉及公共利益也涉及个人私利，要使政治有效运转，必须克服自身的自私倾向，克制个人的私欲，才能成为高尚之士。在此，德性、节制、责任，都先于权利。而启蒙思想家认为人类任何时候都不会自然地趋向于群体公益，传统的方式既严苛又无效用，且与人性相悖。于是他们展开了调动个人利益为公益服务的试验，把人类天性中的自由置于自我克制的德性之前。尊重他人的权利，自己也会被尊重。这一切在上帝和圣贤看来确实无法令人振奋，但是对于贫困、羸弱、受压抑的人类大多数来说，这却是获得拯救的保证，现代自由民主制度就是这种建立在地上的起点虽低但根基牢固的制度。它以现实的姿态而非理想的情操观察人类的生活，它将源于"非功利精神之功利源泉"的权利置于德性、节制、责任之前，它抛开了对基本善恶、对错、是非的坚持与区分而预设了"尚同"与多元主义前提下的人类和解，它也因而从一种静观反思的哲学转变为一种政治实践性的论说，而这一论说的核心便是权利。

现代人对美好生活图景的想象正是以权利为基点勾画出来的。权利树立了自我的价值，肯定了人之欲望的合理性，相信凭借科学的进步和我们合乎理性的选择，人类能经由完美的相互调适，从而获得幸福。在此，社会（自然）是没有精神和生命的，当然也就无法与规范和人的行为进行互动。而人是可以藉由理性为道德立法的，这保证了制度（规范）的合法性。因此，人的理性成为掌控一切的主宰，而经由合法性的程序（比如自由民主制度），众人制定出来的制度便能够在获得大家认同的前提下，规范人们的行为，进而保证社会的良性运转。

然而，自由主义的这套哲学，在自然观上是工具主义的，在伦理观上是功利主义的，在社会学上是原子论式的，在人学上是鼓励欲望而忽视德性的。更具体地说，在自由主义的话语逻辑中，权利优先于德性：德性修为和人生的意义固然重要，但人之欲望的合理性，人选择自己可欲生活的可能性更为优先。的确，在经历了中世纪的黑暗和科学理性的启蒙之后，德性优先于权利的古典政治哲学已无法获得人们的认同。尤其是在公共领域，强制推行德性伦理观的结果很可能导致对个人自由的侵害，而失去了个人选择的权利这一逻辑上的前提条件，那么又如何能够保证好的生活？但同时，经由科学的祛魅，借助宗教或超验宇宙观而栖身的传统价值日益受到理性的挑战，已不再能够提供广泛共享的价值资源。而失去了这些价值依凭，祈望人依据理性为道德立法也变得不再可靠。现代世界中的个人遂陷入了一种价值"无根性"的困境。于是，权利优先于德性在逻辑上的优先性，也同时滋生了现代人的价值迷茫、德性衰落和物欲横流。

这便是自由主义权利话语的陷阱："权利优先于善"的逻辑在保证了个人生活优先性和正当性的同时，也带来了个人主观价值领域的虚无主义；日益技术化和形式化的理性制度建构在驱赶着道德驻守空间的同时，也助长了个人合理但非善的欲求；而摆脱了政教合一，在价值问题上保持中立的国家越来越无力应对由此导致的现代人的道德危机和政治冷漠。对之，西方世界深受其苦，也深为忧虑。于是，即便是将这套功利主义哲学奉行到极致的美国，仍然在私人领域坚守着宗教伦理和基层公共生活的阵地，以防止个人主义滑向享乐主义和利己主义的深渊。于是，即便是骄傲地宣称历史已终结于自由民主制度的福山，也对这种功利主义主导的伦理生活表示了悲观，认为它不过是一幅"末人"时代的图景。

对现代性的权利话语所可能带来的弊病的警醒是驱动笔者构思这本书的最初动机。当下中国处在一个走向权利且必须认真对待权利的时代。然而源自西方的权利话语历经数百年积淀，正在变成拒绝怀疑的信仰。这一现象的出现与中国社会转型过程中所面临的问题是分不开的。可以说，当下中国既面临着功利主义盛行所带来道德困境，也承受着制度建构阙无所引发的社会不公。对权利鼓与呼的热情便是这一社会生态下的产物。然而，这种动力不应该是我们片面理解西方的借口，而恰恰是我们应当重新阅读西方的动因。因为当权利变成衡量其他文明体系的"政治正确"

时，其本来的学理被意识形态所遮蔽。这不仅掩盖了西方学界对权利理论的极富洞见的思考，也缩减了大洋两岸就此进行对话的空间。

其实权利在理论上必须是允许辩论的。因此，如何批判反思西方权利理论资源以及如何基于中国的社会文化建构具有主体性的权利理论，就成为了一个重要的理论命题，而本书则是对此的一个初步尝试。基于文明的异质性，中国权利理论的建构既要取道西学，亦要反求自身，而这需要深入中西各自不同的语境中探讨其发展的时代背景、问题意识和理论得失。

正是基于这一目的，本书首先分析了权利话语在西方的源起、发展、成熟和危机。更具体地说，权利话语在西方世界的兴起，是自然权利替换自然正当的过程。古典自然正当理论认为存在一种外在于人类世界的正当性标准（即自然法）。善的生活就是按其生活，以达致人在宇宙中的对应位置和完善状态。在此，自然是神圣的，德性先于权利。然而，启蒙以降的科学主义和倡导人性解放的个人主义打破了这一传统。自然褪去了神圣秩序来源的目的论色彩，成为人类可把握和支配的自然物。社会发展更需要理性、勤奋、能权衡利弊的得失者，而不是践行古典美德的高尚之士。上述理论为一种根植于自我权益的新道德、当代最成功的政治概念"权利"提供了理据。随后，霍布斯、洛克、卢梭通过更符合人性的自我保全、财产和自由为现代权利理论奠定了世俗但却稳固的根基。

但休谟之后，天赋人权的根基几被颠覆，从而迫切需要一套普遍主义的道德哲学，以建立起完善的理论体系，功利主义思想因此应运而生。这一思想将"最大多数人的最大幸福"作为评判政制好坏的标准。这一主张的一大副作用便是使原本仍小心翼翼依循于自然秩序而对物质欲望半遮半掩的自由主义进一步走上了享乐主义和消费主义的庸俗之路，并借助大众民主获得了日益广泛和稳固的合法性。虽然密尔力图在功利主义和自由主义之间建立牢靠的联系，从而使人们能够通过个性的自由发展实现更为高尚的快乐，但在密尔那里，"最大多数人的最大幸福"原则仍然居于最高的层级。

康德开启了对功利主义最强有力的批判。他认为，对自由和权利的纯粹工具性辩护不仅弱化了权利的根基，也势必颠覆对人之尊严的尊重。因此，追求幸福的欲望必须永远处于"人是目的"的道德法则支配之下。罗尔斯等当代自由主义者正是秉承康德的"道义论"而将自己的理论建立在权利之上。在他们的努力下，"权利优先于善"被作为西方现代社会最重要的一条政治原则确立了下来。

恰如本书所反复指出的，"权利优先于善"意味着自由主义在方法论上的撤退，它不再纠缠有争议的价值问题，而关注可以满足大众理性需求的利益问题。这使权利理论在走向成熟时也不断遭遇批评。反对者着墨最多的是它在政治论域强调国家中立性的同时，也不可避免地在私人领域任由价值多元向价值相对甚至价值虚无堕落。结果，权利优先颠覆了诸善为本，失去了善之引导的权利让可欲生活变得很不确定，进而大大弱化了权利理论的价值，即我们很可能看不到制度正义和个人德性在这一理论下的良性互动，却可能因为伦理话语的缺失和权利的对峙而损害了繁荣社会赖以存在的基石。

其实，西方社会并非没有意识到这一问题，只是他们认为满足个人生存发展的基本需要和福利，并确保个人追求其所欲生活的基本自由是更为优先和根本的选项。在这个基础上，挖掘、保护和延续传统的市民宗教和文化宗教遗产，并辅之以民主参与和市民社会实践，便可以在一定程度上实现公共生活和伦理生活的精神重建，进而在这种世俗道德的帮助下，阻止注重物质享乐的病态个人主义的蔓延。

与西方不同，百年来转型中国社会对权利的引介走过了一条从依附、反思、借鉴到自觉的曲折变奏。这一过程开始于救亡压倒启蒙下的自我否定。权利话语的引介源于中国对西方挑战的被动回应。这使其在引介伊始就预设了一种进步史观：凡主张西化即为进步，凡提倡本土化即为保守顽固。这既夸大了西方现代化对中国转型的借鉴价值，也贬低了中国传统之于中国现代的积极意义。这一倾向在胡适和罗隆基等最初的权利引介者身上均有体现。他们要么对西方理论全盘拥抱，要么对中国传统缺少审慎地全盘否定。这使他们失去了据以反思和批判西方现代性的思想坐标，从而也丧失了构建自身权利话语的想象力。在救亡和自强的心态下，此时国人对权利话语的使用带有明显的工具色彩。

不过这一对权利的工具性理解很快遭到了以梁启超、梁漱溟和张君劢为代表的具有保守主义倾向的知识精英的批评。无论是梁启超的"调和说"，梁漱溟对中国文化主体性的阐发，还是张君劢的"人生观"论说都在尝试确立中国文化对自身以及对世界的价值和意义。上述观点对于消解片面强调"消极自由"式的权利话语所带来的虚无主义病症具有十分积极的意义。

改革开放之后的法治化进程也开启了中国对西方权利理论的全面引介。"权利本位"论是这一时期研究的集大成者。这一主张对于全面深化建设社会主义法治国家具有重大的理论和现实意义，不过它仍然没有完全摆脱现代化范式的支配，而更多表现为对西方社会理想图景和制度建构的跟随和借鉴。

进入 21 世纪，随着对西学的大规模引介和对中国经验的重视，学界又开始了对权利理论的具有主体性的研究。一方面，随着施特劳斯、社群主义、德性伦理学等学说的大量引介，理论界展开了对权利问题的深刻反思和批判；另一方面，一些具有原创性思考的理论观点相继出现，其中颇有代表的是夏勇的民权说；最后，很多从事社会科学的学者也开始在他们的研究中通过各种案例展现了当下中国人在维护和实践权利过程中的或积极或消极的各种表现。不过正如本书指出的，上述研究要么缺少实证维度，要么对经验的关注虽与权利相关但并不以研究权利为主。此外，政治哲学研究所开放出来的权利研究的两个维度（即维系社会正义的政治维度和找寻生活之道的社会文化维度）之间的辩证关系的问题尚没有被用于经验研究之中。

在这个意义上，本书尝试对上述疏漏做进一步的思考。首先，在理论构想上，本书提出了"社会儒学的社群路经"。中国传统是我们思考转型中国权利理论和美好生活想象时所难以绕开的社会文化背景。这一传统集中体现为儒家文化及其制度建构和生活方式。然而，儒学的困境在于：如若离开了政治的辅助，仅仅驻守于心性之地，在哲学与政治之间，虽可保有"和则两伤，离则两美"的清誉，但又难免不沦为学者掌中的玩物，而无法共鸣于社会大众，进而也无力抵御现代性的功利洪流；但儒学如若离开心性之地，涉身政治，虽可期于"和则两美，离则两伤"的美景，但又难免不差枪走火，过犹不及。一时之间，进退维谷，不得门径而入。

其实，在心性与政治之间，儒学倒是还有一片天地可以腾挪。笔者称之为"社会儒学的社群路径"。社会在此，既是儒学义理阐发的灵感之地，也是个人修为的践行之所，更是儒学经由社会实践到理念再造，进而上升至公共选择，最终进入政治言说的一个场域；而社群路径则强调对公共生活和情境的关注，以避免原子论式的、脱离情境的自我理解。社会儒学其实一直是心性儒学和政治儒学之间的衔接地带，也一直是儒家义理得以生发孕育的沃土。而心性儒学与现实政治无涉，政治儒学缺少义理之孕育过程而可能将自主的公共选择变为强制、专制，或许都不是儒学再生的明智之举。反观社会儒学却可能起到"先引凤再筑巢"之功效，经由心性儒学—社会儒学—政治儒学铺设儒学复兴之路。

具体来说，先由心性儒学重新阐释儒家义理，这种新义理如果合理而且具有智识上的吸引力，就会对民众、学者，甚至官员产生潜移默化的影响，进而影响其行为方式。但是，这一制度的创生过程需要一个社会践行的场域，可行的出路便是社会儒学：经由重新阐释的儒家义理，首先进入社会层面进行实践。无数人基于这些新理解而行动、而互动，就会形成某种新共识、新制度。这些共识和制度是现代的，却可成为儒家义理的"寄命之地"，此为"先引凤"。而当社会层面的各种制度相对成熟，再在国家制度建构层面让之通过公共选择（因为儒家义理在民间的实践过程中已经获得了民众的认可）以一种现代社会具有合法性的方式成为制度建构，也就是让儒家在公共选择中脱颖而出，在各种价值道德理想中通过竞争胜出，此为"再筑巢"。当然，这仍然需要国家的支持，但是这个支持的过程可以首先在民间层面、教育层面以及在与政治并不直接关涉的层面进行。儒家在历史上的两次复兴，即汉代的复兴与宋代的复兴，都是从义理的重新解释开始，以社会层面的制度建设为主，进而推动政制之再造。以史为鉴，也可以在一定程度上印证这一儒学复兴之路的可行性。

其次，在理论和经验的连接上，本书主张"走向实践的权利哲学"。受到格里芬的启发，这一权利哲学强调对权利的整全性理解，将其看作由福利、自由和自主三项内容构成的体系。这一界定的用意在于不仅满足个人的福利和自由，还要在实现两者的基础上，通过自主将个人引向某种德性人格以及与之契合的可欲生活的实现。从自由走向自主，走向一种德性人格和可欲生活也是在还原权利作为一种现代性理想的题中应有之义。然而，在从自由到自主的升华过程中，现代性的权利话语面临着个人自由和源于某种社会文化情境的伦理生活之道之间难以消解的张力以及两者之间又不得不试图融合的历史宿命。脱离情景的个人在生活中的"自我立法"可能是空洞无物的，而对某种善观念的强调又可能导致对个人自由的压制。因此，我们需要一种对道德以及与之相关的伦理生活之道或善观点的开放式理解。

这种理解具体表现为两种道德观念的融合：一种是现代政治及法律制度致力于提供的薄的道德，这一道德的要义在于守护公平正义底线；另一种则是与可欲生活相关的厚的道德，这是一种与特定社会文化相关的生活之道。对美好生活而言，两种道德都不可或缺。前一种为个人保有了一种对德性人格和可欲生活而言的机会，而德性人格和可欲生活的最终实现则需要后一种道德的范导。在这个意义上，政治正当性、个人权利和内嵌于社会文化之中的伦理生活之道的延续和重建，是个人拥有权利、实践权利，从自由走向自主，从生存、发展走向美好生活不可或缺的三个要件。这其中，个人权利，尤其是个人的积极权利和消极自由具有决定性作用：没有基本的公民权利和政治权利，政治的正当性难以证成；没有基本的经济权利和社会权利（积极权利），政治正当性也将不可避免地流失而难以维系。而且，没有个人的积极权利和消极自由所提供的前提性条件，无论是个人德性还是与之相契合的可欲生活的实现也将成为对社会绝大多数人而言不切实际的高调。然而，由消极自由所合理化的个人不受干预的独处或者个人对福利国家的过分依赖，也有可能使个人将各种苛刻的、不快的、源自传统或宗教的教义抛之脑后，而将自身置于一个与世隔绝的铁笼之中，进而割断与某种内嵌于社会文化情境之中的伦理生活之道的联系。这意味着可能脱离情境的自我，依凭其形式化而缺少内容的理性，并面对一套形式化的、对各种善观念保持中立，而仅仅恪守最低度的公平正义理念的制度规范时，在生活实践和道德实践过程中所可能出现的不确定性。而如果仅仅确保了个人的积极权利和消极自由，而无法将人们引向德性人格和与之相契合的可欲生活的实现，现代性的权利话语不仅无法接续其原初的理论图景，甚至可能无法有效地维系其制度的运行。

"走向实践的权利哲学"的提出就是试图解决这一困境。它一方面通过对权利的整全性理解，打通了从自由到自主之升华的权利应有之意；另一方面又通过对制度正义和伦理生活之善的强调，提出了从自由到自主之升华的社会基础。换言之，良性的权利实践既离不开基于权利的制度建构，也离不开这一社会下的善对正当的适度范导，唯有如此，制度才能正义，社会才能良序，而个人才能实现美好生活。

本书将上述两个维度，即纵向的基于权利的体现底线正义的制度建构以及横向的基于日常生活的伦理之道，称为"权利实践的道德基础"。不过，恰如本书所揭示的，当下中国社会处在剧烈的社会转型过程之中，这使得无论是制度正义的建设和维护，还是伦理之道的挖掘和再造都处在摸索尝试阶段。正是在这个意义上，本书在第八章和第九章，首先试图还原乡土社会的"权利实践的道德基础"的理想形态。这一形态在横向的日常生活层面，遵循一套实用性的乡土伦理，而在纵向的国家社会互动层面，则依靠绅士的简约治理，并通过两者的良性互动维系和再生产一套契合于当时社会文化情景的权利实践和生活想象。与之相对，当下中国社会在"权利实践的道德基础"的两个维度都出现了不同程度的异化。在横向的日常生活层面，受"结构混乱"和"语言混乱"的影响，当下的基层社会正在经历价值混乱的煎熬，以金钱为主流的伦理生活正在成为主流，与之相伴的是对实现这一目标的不问手段的实用主义态度。而在纵向的国家社会互动层面，当前的基层治理也陷入权宜式治理的困境之中，在国家推行的制度化改革面前，基层政府无法依靠旧有的方法控制社会，但新的方法也不能完全化解他们在面对考核时的压力。于是不得不通过有选择性的妥协暂时化解社会的冲突，而这进一步刺激和助长了基层社会本已在蔓延的戾气。结果，上述两个层面的逆向循环为权利实践带来了非预期的后果，导致了潜规则的盛行。

　　不过，对于处在社会变迁中的当下中国，这一切仅仅只是变革中的阵痛而已，它是每个社会都难以避免的现象。况且，中国政府也从未放弃过对社会进行改革的初衷和努力。其实，当前的一些问题恰恰是中国政府在主动变革中才出现和释放出来的。因此，当前的政府要比传统的因循守旧的王朝更加值得期盼，其将带给我们更多的改革和希望。本书的研究仅仅只是开始，还需要在今后的日子里继续坚持和深入下去。

参考文献

1. 陈柏峰：《熟人社会：村庄秩序机制的理想型探究》，载《社会》2011 年第 1 期。

2. 陈柏峰：《乡村江湖：两湖平原"混混"研究（1980—2008）》，中国政法大学出版社 2011 年版。

3. 陈柏峰：《无理上访与基层法治》，载《中外法学》2011 年第 2 期。

4. 陈来、甘阳：《孔子与当代中国》，生活·读书·新知三联书店 2008 年版。

5. 陈炼：《伦理学关键词》，北京师范大学出版社 2007 年版。

6. 邓正来：《中国法学向何处去——建构"中国法律理想图景"的时代论纲》，商务印书馆 2006 年版。

7. 邓正来：《中国人权利发展研究的理想与现实——评〈走向权利的时代——中国公民权利发展研究〉》，载《中国法学》1996 年第 1 期。

8. 邓正来：《读走向权利的时代——中国公民权利发展研究》，载《中国书评》1996 年 5 月总第 10 期。

9. 董磊明、陈柏峰、聂良波：《结构混乱与迎法下乡：河南宋村法律实践的解读》，载《中国社会科学》2008 年第 5 期。

10. 费孝通：《乡土中国》，生活·读书·新知三联书店 1985 年版。

11. 费孝通：《乡土中国与乡土重建》，风云时代出版社 1993 年版。

12. 费孝通：《中国绅士》，中国社会科学出版社 2006 年版。

13. 费孝通：《基层行政的僵化》，载费孝通：《乡土中国与乡土重建》，风云时代出版社 1993 年版。

14. 费孝通：《再论双轨政治》，载费孝通：《乡土中国与乡土重建》，风云时代出版社 1993 年版。

15. 费孝通：《中国社会变迁中的文化结症》，载费孝通：《乡土中国与乡土重建》，风云时代出版社 1993 年版。

16. 冯仕政：《国家政权建设与新中国信访制度的形成及演变》，载《社会学研究》2012 年第 4 期。

17. 甘阳：《儒学在现代中国的角色与出路》，载甘阳：《我们在创造传统》，台北联经出版公司 1989 年版。

18. 甘阳：《通三统》，生活·读书·新知三联书店 2007 年版。

19. 甘阳：《政治哲人施特劳斯：古典保守主义政治哲学的复兴》，载［美］列奥·施特劳斯：《自然权利与历史》，生活·读书·新知三联书店 2003 年版。

20. 甘阳、刘小枫：《重新阅读西方》，载《南方周末》2006 年 1 月 12 日 D30 版。

21. 耿羽：《征迁政治：基层治理视域中的白沙区土地开发（1990—2013）》，华中科技大学 2013 年博士论文。

22. 贺雪峰：《新乡土中国：转型期乡村社会调查笔记》，广西师范大学出版社 2003 年版。

23. 韩德培、李龙：《人权的理论与实践》，武汉大学出版社 1995 年版。

24. 何怀宏：《诺齐克与罗尔斯之争——代译序》，载［美］罗伯特·诺齐克：《无政府、国家与乌托邦》，何怀宏等译，中国社会科学出版社 1991 年版。

25. 何怀宏：《底线伦理》，辽宁人民出版社 1998 版。

26. 胡适：《易卜生主义》，载杨梨编：《胡适文萃》，作家出版社 1991 年版。

27. 胡适：《人权与约法》，载罗隆基、胡适、梁实秋：《人权论集》，新月书店 1930 年版。

28. 黄文艺：《权利本位论新解——以中西比较为视角》，载《法律科学：西北政法学院学报》2014 年第 5 期。

29. 黄宗智：《集权的简约治理：中国以准官员和纠纷解决为主的半正式基层行政》，载《开放时代》2008 年第 2 期。

30. 黄宗智：《中西法律如何融合：道德、权利与实用》，载《中外法学》2010 年第 5 期。

31. 梁漱溟：《中国文化要义》，上海人民出版社 2005 年版。

32. 林火旺：《伦理学》，台北五南图书 1999 年版。

33. 罗隆基、胡适、梁实秋：《人权论集》，新月书店 1930 年版。

34. 罗荣渠：《现代化：理论与历史经验的再探讨》，上海译文出版社 1993 版。

35. 蒋庆：《政治儒学——当代儒学的转向、特质与发展》，生活·读书·新知三联书店 2003 年版。

36. 蒋庆：《保守主义真义——评刘军宁〈保守主义〉一书对柏克保守主义思想的误解》，载蒋庆：《儒学的时代价值》，四川出版集团·四川人民出版社 2009 年版。

37. 蒋庆：《儒学的时代价值》，四川出版集团·四川人民出版社 2009 年版。

38. 江宜桦：《自由主义哲学传统之回顾》，载王焱等编：《自由主义与当代世界》，生活·读书·新知三联书店 2000 年版。

39. 金耀基：《中国民本思想》，法律出版社 2008 年版。

40. 梁启超：《欧游心影录》之"欧游中之一般观察及一般感想"下篇"中国人之自觉"，载《饮冰室合集》第五册。

41. 梁漱溟：《乡村建设理论》，上海人民出版社 2006 年版。

42. 李贵连：《话说"权利"》，载《北大法律评论》1998 年第 1 卷第 1 辑。

43. 李猛：《理性化及其传统：对韦伯的中国观察》，载《社会学研究》2010 年第 5 期。

44. 李强：《自由主义》，中国社会科学出版社 1998 年版。

45. 李世涛：《知识分子的立场——自由主义之争与中国思想界的分化》，时代文艺出版社 2000 年版。

46. 李泽厚：《启蒙与救亡的双重变奏》，载李泽厚：《中国现代思想史论》，东方出版社 1987 年版。

47. 李泽厚：《中国现代思想史论》，东方出版社 1987 年版。

48. 李泽厚：《历史本体论·己卯五说》，生活·读书·新知三联书店 2008 年版。

49. 李泽厚：《人类学历史本体论》，天津社会科学出版社 2008 年版。

50. 刘擎：《面对中国模式的历史终结论》，载《东方早报·上海书评》，2009 年 9 月 20 日。

51. 刘军宁：《保守主义》，中国社会科学出版社 1998 年版。

52. 刘擎：《中国崛起与文化自主》，载《中国社会科学辑刊》2009 年 12 月（总第 29 期），复旦大学出版社 2010 年版。

53. 刘小枫：《刺猬的温顺——伯林和施特劳斯》，载萌萌主编：《启示与理性：从苏格拉底、尼采到施特劳斯》，中国社会科学出版社 2001 年版。

54. 刘小枫：《施特劳斯与古典政治哲学》，生活·读书·新知三联书店 2002 年版。

55. 刘小枫：《施特劳斯与中国：古典心性的相逢》，载《思想战线》2009 年第 2 期。

56. 罗隆基：《论人权》，载《人权论集》1930 年版。

57. 吕希晨、陈莹：《精神自由与民族文化——张君劢新儒学论著辑要》，中国广播电视出版社 1995 年版。

58. 萌萌：《启示与理性：从苏格拉底、尼采到施特劳斯》，中国社会科学出版社 2001 年版。

59. 丕品：《斯特劳斯的现代世界》，张新樟译，载刘小枫主编：《施特劳斯与古典政治哲学》，上海三联书店 2002 年版。

60. 石元康：《当代自由主义理论》，联经出版事业公司 1996 年版。

61. 申端锋：《乡村治权与分类治理：农民上访研究的范式转换》，载《开放时代》2010 年第 6 期。

62. 苏力：《读〈走向权利的时代〉——兼论中国的法律社会学研究的一些问题》，载《中国书评》1996 年 5 月总第 10 期。

63. 唐德刚：《晚清七十年（一）——中国社会文化转型综论》，香港远流出版公司 1998 年版。

64. 谭同学：《桥村有道——转型乡村的道德、权力与社会结构》，生活·读书·新知三联书店 2010 年版。

65. 田先红：《从维权到谋利：农民上访行为逻辑变迁的一个解释框架》，载《开放时代》2010 年第 6 期。

66. 童世骏：《国际政治中的三种普遍主义》，载《华中师范大学学报（哲学社会科学版）》2003 年第 6 期。

67. 汪晖：《汪晖自选集》，广西师范大学出版社 1997 年版。

68. 汪晖：《死火重温》，人民文学出版社 2000 年版。

69. 汪晖：《承认的政治、万民法与自由主义的困境》，载汪晖：《死火重温》，人民文学出版社 2000 年版。

70. 汪晖：《现代中国思想的兴起》（四卷本），生活·读书·新知三联书店 2004 年版。

71. 汪晖：《去政治化的政治》，生活·读书·新知三联书店 2008 年版。

72. 汪晖：《当代中国的思想状况和现代性问题》，载汪晖：《去政治化的政治》，生活·读书·新知三联书店 2008 年版。

73. 王人博：《中国的民权话语》，载《二十一世纪》（网络版）2002 年 9 月号。

74. 王人博：《民权词义考证》，载《比较法研究》2003 年第 1 期。

75. 王焱、柯凯军：《罗尔斯、诺齐克、德沃金与哈耶克的理论及其他》，载李世涛主编：《知识分子的立场——自由主义之争与中国思想界的分化》，时代文艺出版社 2000 年版。

76. 王焱：《自由主义与当代世界》，生活·读书·新知三联书店 2000 年版。

77. 汪习根：《法治社会的基本人权——发展权法律制度研究》，中国人民公安大学出版社 2002 年版。

78. "文化：中国与世界"编委会：《文化：中国与世界》（第 1 辑），生活·读书·新知三联书店 1987 年版。

79. 吴恩裕：《论洛克的政治思想》，载 [英] 约翰·洛克：《政府论》（下篇），叶启芳、瞿菊农译，商务印书馆 1996 年版。

80. 吴毅：《"权力—利益的结构之网"与农民群体性利益的表达困境》，载《社会学研究》2007 年第 5 期。

81. 夏勇：《人权概念起源——权利的历史哲学》（修订版），中国政法大学出版社 2001 年版。

82. 夏勇：《批评本该多一些——答谢·反思与商榷》，载《中国书评》1996 年 5 月总第 10 期。

83. 夏勇：《走向权利的时代——中国公民权利发展研究》（修订本），中国政法大学出版社 1999 年版。

84. 夏勇：《哈哈镜前的端详——哲学权利与本土主义》，载《读书》2002 年第 6 期。

85. 夏勇：《权利哲学的基本问题》，载《法学研究》2004 年第 3 期。

86. 夏勇：《中国民权哲学》，生活·读书·新知三联书店 2004 年版。

87. 徐显明：《生存权论》载《中国社会科学》1992 年第 5 期。

88. 阎云翔：《私人生活的变革：一个村庄里的爱情、家庭和亲密关系 1949—1999》，龚小夏译，上海书店出版社 2006 年版。

89. 姚大志：《现代之后——20 世纪晚期西方哲学》，东方出版社 2000 年版。

90. 应奇：《从自由主义到后自由主义》，生活·读书·新知三联书店 2003 年版。

91. 应奇，刘训练：《自由主义中立性及其批评者》，江苏人民出版社 2007 年版。

92. 应星：《大河移民上访的故事：从"讨个说法"到"摆平理顺"》，生活·读书·新知三联书店 2001 年版。

93. 应星、晋军：《集体上访中的"问题化"过程：西南一个水电站的移民的故事》，载《清华社会学评论（第一辑）》，鹭江出版社 2000 年版。

94. 于建嵘：《当前农民维权活动的一个解释框架》，载《社会学研究》2004 年第 2 期。

95. 于建嵘：《土地问题已成为农民维权抗争的焦点：关于当前我国农村社会形势的一项专题调研》，载《调研世界》2005 年第 3 期。

96. 余英时：《从价值系统看中国文化的现代意义：中国文化与现代生活总论》，载"文化：中国与世界"编委会编：《文化：中国与世界》（第 1 辑），生活·读书·新知三联书店 1987 年版。

97. 余涌：《道德权利研究》，中央编译出版社 2001 年版。

98. 俞可平：《社群主义》，中国社会科学出版社 1998 年版。

99. 翟小波：《自由主义民主之反思》，载《中外法学》2009 年第 1 期。

100. 张德胜：《儒家思想与工具理性：中庸之道的社会学分析》，载陈来、甘阳主编：《孔子与当代中国》，生活·读书·新知三联书店 2008 年版。

101. 张君劢：《人生观》，载吕希晨、陈莹选编：《精神自由与民族文化——张君劢新儒学论著辑要》，中国广播电视出版社 1995 年版。

102. 张君劢：《再论人生观与科学并答丁在君》，载吕希晨、陈莹选编：《精神自由与民族文化——张君劢新儒学论著辑要》，中国广播电视出版社 1995 年版。

103. 张文显、于宁：《当代中国法哲学研究范式的转换：从阶级斗争范式到权利本位范式》，载《中国法学》2001 年第 1 期。

104. 赵汀阳：《预付人权——一种非西方的普遍人权理论》，载《中国社会科学》2006 年第 4 期。

105. 朱晓阳：《小村故事：罪过与惩罚》（修订版），法律出版社 2011 年版。

106. 朱晓阳：《语言混乱与法律人类学的整体论进路》，载《中国社会科学》2007 年第 2 期。

107. 周飞舟：《生财有道：土地开发和转让中的政府和农民》，载《社会学研究》2007 年第 1 期。

108. 周濂：《现代政治的正当性基础》，生活·读书·新知三联书店 2008 年版。

109. [美]A·麦金太尔：《追寻美德：伦理理论研究》，宋继杰译，译林出版社

2003 年版。

110. [美] 艾恺：《最后的儒家——梁漱溟与中国现代化的两难》，王宗昱、冀建中译，江苏人民出版社 1993 年版。

111. [美] 爱德华·S·考文：《美国宪法的"高级法"背景》，强世功译，生活·读书·新知三联书店 1996 年版。

112. [英] 边沁：《道德与立法原理导论》，时殷弘译，商务印书馆 2009 年版。

113. [英] 伯林：《马基雅维里的原创性》，载伯林：《反潮流：观念史论文集》，冯克利译，译林出版社 2002 年版。

114. [英] 伯林：《反潮流：观念史论文集》，冯克利译，译林出版社 2002 年版。

115. [美] 霍尔姆斯，桑斯坦：《权利的成本——为什么自由依赖于税》，毕竞悦译，北京大学出版社 2004 年版。

116. [英] 霍布豪斯：《自由主义》，朱曾汶译，商务印书馆 1996 年版。

117. [英] 霍布斯：《利维坦》，黎思复、黎廷弼译，杨昌裕校，商务印书馆 1985 年版。

118. [英] 哈耶克：《自由秩序原理》，邓正来译，生活·读书·新知三联书店 2003 年版

119. [德] 卡尔·曼海姆：《意识形态与乌托邦》，黎鸣、李书崇译，商务印书馆 2000 年版。

120. [法] 卢梭：《社会契约论》，何兆武译，商务印书馆 2005 年版。

121. [英] 罗杰·斯克拉顿：《保守主义的含义》，王皖强译，刘北城校，中央编译出版社 2005 年版。

122. [美] 乔治·霍兰·萨拜因，托马斯·兰敦·索尔森：《政治学说史》，盛葵阳，崔妙因译，南木校，商务印书馆 1986 年版。

123. [美] 凯克斯：《为保守主义辩护》，应奇，葛水林译，江苏人民出版社出版社 2003 年版。

124. [美] 列奥·施特劳斯：《自然权利与历史》，生活·读书·新知三联书店 2003 年版。

125. [美] 罗伯特·诺齐克：《无政府、国家与乌托邦》，何怀宏等译，中国社会科学出版社 1991 年版。

126. [英] 罗素：《西方哲学史》，马元德译，商务印书馆 1982 年版。

127. [美] 约翰·罗尔斯：《正义论》，何怀宏、何包钢、廖申白译，中国社会科学出版社 1988 年版。

128. [英] 约翰·密尔：《论自由》，许宝骙译，商务印书馆 1959 年版。

129. [英] 约翰·洛克：《政府论》（下篇），叶启芳、瞿菊农译，商务印书馆 1996 年版。

130. [英] 约翰·格雷：《自由主义》，曹海军、刘训练译，吉林人民出版社 2005 年版。

131. [英] 约翰·B·汤普：《意识形态与现代文化》，高铦等译，译林出版社 2005 年版。

132. [法] 卢梭：《社会契约论》，何兆武译，商务印书馆 2005 年版。

133. [英] 罗杰·斯克拉顿：《保守主义的含义》，王皖强译，刘北城校，中央编译出版社 2005 年版。

134. [英] 霍布斯：《利维坦》，黎思复、黎廷弼译，杨昌裕校，商务印书馆 1985 年版。

135. [美] 曼斯费尔德：《施特劳斯之马基雅维里》，田立年译，载刘小枫主编：《施特劳斯与古典政治哲学》，生活·读书·新知三联书店 2002 年版。

136. [德] 马克思·韦伯：《新教伦理与资本主义精神》（修订版），于晓，陈维纲等译，陕西师范大学出版社 2006 年版。

137. [美] 玛丽·安·格伦顿：《权利话语：穷途末路的政治言辞》，北京大学出版社 2006 年版。

138. [德] 尼采：《查拉斯图拉如是说》，尹溟译，文化艺术出版社 2003 年版。

139. [美] 塞缪尔·亨廷顿：《发展的目标》，载 [美] 塞缪尔·亨廷顿等著，罗荣渠主编：《现代化：理论与历史经验的再探讨》，上海译文出版社 1993 年版。

140. [法] 托克维尔：《论美国的民主》，董果良译，商务印书馆 1997 年版。

141. [加] 威尔·金里卡：《当代政治哲学》，刘莘译，上海三联书店 2004 年版。

142. [英] 休·塞西尔：《保守主义》，杜汝楫译，马清槐校，商务印书馆 1986 年版。

143. [英] 休谟：《人性论》，关文运译，郑之骧校，商务印书馆 1983 年版。

144. Alan Bloom, *The Closing of The American Mind: How Higher Education Has Failed Democracy and Impoverished the Souls of Today's Students*, Penguin Books, 1987.

145. Charles Larmore, "Right and Good", Edward Craig (ed.), *The Short Routledge Encyclopedia of Philosophy*, Routledge, 2005.

146. Charles Taylor, "What's Wrong with Negative Liberty", *The Idea of Freedom,* A. Ryan (ed), Oxford University Press, 1979.

147. Christine M. Korsgaard, "Theory of The Good", Edward Craig (ed), *The Short Routledge Encyclopedia of Philosophy*, Routledge, 2005.

148. Edward Shils, "Tradition", *Comparative Studies in Society and History,* 1971(2).

149. Elizabeth J. Perry, (2008) "Chinese Conceptions of Rights: From Mencius to Mao- and Now", *Perspectives on Politics*, 2008(1).

150. Emile Durkheim, *Sociology and Philosophy*, D. F. Pocock (trans), Routledge, 2010.

151. Francis Fukuyama, *The End of History and the Last Man,* The Free Press, 1992.

152. Friedrich Nietzsche, *Thus Spoke Zarathustra,* Thrifty Books, 2009.

153. Glen Newey, *Hobbes and Leviathan*, Routledge, 2008.

154. Gui Xiaowei, *Handling of Small-Scale Protests in Grassroots China: Process Dynamics and Outcomes*, Ph.D Dissertation in Copenhagen University, 2015.

155. Gui Xiaowei, "How Local Authorities Handling Nail-like Petitions and Why Concessions are Made", *Chinese Sociological Review*, 2017 (Forthcoming).

156. Gunter Schubert, "One-Party Rule and the Question of Legitimacy in Contemporary China: Preliminary Thoughts on Setting Up a New Research Agenda", *Journal of Contemporary China*, 2008(54).

157. Guy S. Alitto, *The Last Confucian: Liang Shu-ming and the Chinese Dilemma of Modernity*, University of California Press, 1986.

158. Hegel, Georg Vilhelm Friedrich, *Elements of The Philosophy of Right*, Allen W. Wood (ed), H. B. Nisbet (trans), Cambridge University Press, 1991.

159. Immanuel Kant, "Groundwork of The Metaphysics of Morals," Mary J. Gregor (trans & ed), *Practical Philosophy*, Cambridge University Press, 1999.

160. Immanuel Kant, "Perpetual Peace," H. S. Reiss (ed), *Kant's Political Writings*, Cambridge University Press, 1970.

161. Isaiah Berlin, *Four Essays on Liberty*, Oxford University Press, 1969.

162. James Griffin, *On Human Rights*, Oxford University Press, 2008.

163. Joel S. Migdal, *State in Society: Studying How States and Societies Transform and Constitute One Another*, Cambridge University Press, 2001.

164. John Gray, *Liberalism*, Open University Press, 1986;

165. John Rawls, *A Theory of Justice,* The Belknap Press of Harvard University Press, 1971(Original Edition).

166. John Rawls, *A Theory of Justice,* The Belknap Press of Harvard University Press, 1999(Revised Edition).

167. J.S. McClelland, *A History of Western Political Thought*, Routledge, 1996.

168. Joseph Raz, "Professor Dworkin's Theory of Rights", *Political Studies*, 1978 (26).

169. Joseph Raz, "Right-based Moralities", *Theories of Rights,* Waldron (ed.), Oxford University Press, 1984.

170. Kevin J.O'Brien, "Neither Transgressive nor Contained: Boundary-spanning Contention in China", *Mobilization: An International Quarterly*, 2002(1).

171. Kevin J. O'Brien, Lianjiang Li, *Rightful Resistance in Rural China*, Cambridge University Press, 2006.

172. Leo Strauss, *The Political Philosophy of Hobbes,* University of Chicago Press, 1952.

173. Leo Strauss, *Natural Right and History,* The University of Chicago Press, 1953.

174. Leo Strauss, Joseph Cropsey(ed.), *History of Political Philosophy,* Rand McNally, 1972.

175. Leo Strauss, "The Three Waves of Modernity", Hilall Gildin (ed.), *An Introduction to Political Philosophy: Ten Essays by Leo Strauss*, 1989.

176. Li Lianjiang and Kevin J. O'Brien, "Villagers and Popular Resistance in Contemporary China", *Modern China*, 1996(1).

177. Mark S. Cladis, *A Communitarian Defense of Liberalism: Emile Durkheim and Contemporary Social Theory*, Stanford University Press, 1992.

178. Mark S. Cladis, "Rousseau and Durkheim: The Relation between the Public and the Private", *The Journal of Religious Ethics*, 1993(1).

179. Mary Ann Glendon, *Rights Talk: The Impoverishment of Political Discourse*, The Free Press, 1991.

180. Michael Harry Lessnoff, *Political Philosophers of Twentieth Century*, Blackwell Publishers, 1999.

181. Michael Mann, *The Sources of Social Power. Vol.2, The Rise of Classes and Nation States, 1760-1914*, Cambridge University Press, 1993.

182. Michael Sandel, *Liberalism and the Limits of Justice,* Cambridge University Press, 1982.

183. Micheline Ishay, *The History of Human Rights: From Ancient Time to Globalization Era*, University of California Press (2 Edition), 2008.

184. Patrick Hayden, *The Philosophy of Human Right*, Paragon House, 2001.

185. Richard Bellamy, *Rethinking Liberalism*, Pinter, 2000.

186. Richard J.Bernstein(ed.), *Habermas and Modernity*, Cambridge Press,1985.

187. Ronald Dworkin, *Taking Rights Seriously : New Impressions with A Reply to Critics*, Duckworth, 1987.

188. Ronald Dworkin, "Liberalism", *Liberalism and Its Critics*, Michael Sandel (ed.), Basil Blackwell, 1984.

189. Robert Nisbert, *Conservatism: dream and reality*, New Brunswick, 2005.

190. Robert Nozick, *Anarchy, State, and Utopia*, Basic Books, 1974.

191. Russell Kirk, *The Conservative Mind* (Sixth Revised Edition), Gateway, 1978.

192. Sirkku Hellsten, *In Defense of Moral Individualism*, Philosophical Society of Finland, 1997.

193. Stephen Holmes, Cass R. Sunstein, *The Cost of Rights: Why Liberty Depends on Taxes*, W. W. Norton & Company, 1999.

194. Stephen Macedo, *Liberal Virtues: Citizenship, Virtue, and Community in Liberal Constitutionalism*, Oxford University Press,1990.

195. Waldron (ed.), *Theories of Rights,* Oxford University Press, 1984.

196. William Aylott Onton, *The Liberal Tradition*, Yale University Press, 1945.

197. Will Kymlicka, *Liberalism, Community and Culture*, Clarendon Press, 1991.

198. Friedrich Nietzsche, *The Will to Power,* Walter Kaufmann (ed.), Random House, 1967.

199. Yan Yunxiang, *The Individualization of Chinese Society*, Berg, 2009.

200. You-tien Hsing, *The Great Urban Transformation : Politics of Land and Property in China*, Oxford University Press, 2010.

201. Zhao Dingxin, "The Mandate of Heaven and Performance Legitimation in Historical and Contemporary China", *American Behavioral Scientist*, 2009(3).

202. Zhao Dingxin, "Authoritarian State and Contentious Politics", K.T. Leicht and J.C. Jenkins (ed), *Handbook of Politics: State and Society in Global Perspective*, Springer, 2010.

后　记

在《瞧，这个人：尼采自传》的开篇，尼采写下了这样一段话："我生活的幸福，也许还有生活的独特性，来自于厄运。"尼采用这段话来回答："我为什么这样有智慧？我为什么这样聪明？我为什么能写出这样优秀的书？"这三个让他骄傲但却令我们为之汗颜的问题。偏执而深刻的尼采，一生并不幸福，但恰恰是苦难造就了他，并使他为后世留下了至今仍发人深省的精神财富。而尼采笔下的现代人，恰恰如他所预言的那样，物质丰裕的背后伴随着精神的虚无和意志的羸弱，活脱脱一群"报废之人"：空荡荡的胸腔中更多关注的是自身的小幸福，既缺少崇高的理想和优越情感，也不懂得去何处寻求生活的意义，而只能将自我寄托于物欲的饮鸩止渴式的虚幻满足中。我，多少也算其中的一个，而这构成我写作这本书的原动力，既剖析自身，也试图剖析我们身处的这个时代。

书稿的完成首先要感谢我的恩师汪习根教授。遥想当年蒙老师不弃，收入门下，至今已十载有余。我也从一个懵懂青年，一步步迈入学术的殿堂，直到海外求学归来，进入武汉大学任教。汪老师对我的指导严慈相济。汪老师的严厉一直是鞭策我前行的动力，而汪老师的慈爱也使我每每在人生重要关头收获理解和支持。此番恩情当于心中铭记！

李龙教授是我学问人生道路上最需要感谢的又一位恩师。李老师献身中国法治伟业几度起伏的壮丽人生，体察民瘼痛恤国疾捍卫党业的殷殷壮举，老骥伏枥壮心不已的为学品格，早已铭刻五内，时刻砥荡着我的心灵，也让我于习焉不察间，从李老师的为人为学中获益终生。在珞珈山求学期间，周叶中教授、徐亚文教授、陈晓枫教授、秦前红教授、江国华教授、项焱教授、张万洪副教授这些师长们，也都对我有着这般或那般的扶持、点拨之恩。廖奕师兄、涂少斌师兄对我一直关爱有加，更是在我为出国担保人所苦之时，毅然挺身相助，让我心中至今仍暖意融融。此外，李蕾、滕锐兄、彭建军兄、程关松兄、黄镨兄、罗鑫兄、占红沣兄、祝捷兄、尹建国兄在学习生活中对我也有颇多帮助，在此一一表示感谢。而在武汉大学法理学这个大家庭中，大家一直以来相处十分融洽，相互关爱扶持。司马俊莲、周翠彬、张薇薇、王康敏、潘传表、吕宁、肖杰文、陈阳、田勇、陈雅丽、蒋银华、王新生、杨炼、李小萍、张革文、魏腊云、汪沛、王琪瑾、孙晶晶、许翼仙等学友也都对我时有帮助和鼓励，在此一并表示感谢。

书稿的完成，尤其是田野调查的工作，特别需要感谢华中科技大学乡村治理研究中心的贺雪峰教授。我与贺老师相识于 2010 年，彼时我正在为如何连接经验和理论苦恼，而贺老师恰在此时为我提供了无私的帮助和指引。回望过去六年，贺老师的指导让我在为人为学上都受益匪浅！我还要感谢吴毅教授、罗兴佐教授、王习明教授三位老师。吴老师的作品文字优美、分析深刻，每每给我巨大的启发，而有限的几次交流，更是让我体会到吴老师的严谨治学和对后辈的无私鼓励。罗老师数次的直接或间接的教导，也总是让我不仅在具体的知识上，也在为人处世之道上都受益匪浅。王老师的宽和与勤奋也一直让我在和他的交流中如沐春风，并且多有启发。此外，在从理论转向经验的道路上，我还要感谢一路相伴的中国乡村治理研究中心的各位学友：刘勤、陈柏峰、吕德文、郭亮、狄金华、杨华、田先红、张世勇、欧阳静、范成杰、刘洋、韩鹏云、赵晓峰、刘燕舞、袁松、龚春霞、陈辉、朱静辉、宋丽娜、何绍辉、黄鹏进、耿羽、桂华、王德福、陈锋、林辉煌、陶自祥、陈讯、王会、龚为纲、李祖佩、孙新华、刘锐、田孟、夏柱智、吴秋菊、陈义媛、徐嘉鸿、魏程林、焦长权、高万芹、王丽惠。他们的鼓励、支持和帮助让我收获的不仅仅是知识，更有一份质朴纯真的情谊。

特别的感谢还要送给我在武汉大学社会学系的领导和同事。一年前，我有幸加入到这个充满生机、活力、友爱的大家庭中，正式开启了我的职业生涯。李玉龙书记和林曾主任十分关心我的生活、工作和成长，并提供了大量帮助，使我顺利、迅速地安顿下来，投身教学和科研。罗教讲教授、朱炳祥教授、周长城教授、桂胜教授、慈勤英教授、向德平教授、伍麟教授、徐炜副教授、王红副书记、赵金利副书记、陈倩主任以及其他众多老师，都为我的工作和生活提供了诸多帮助，在此我要向他们表示由衷的感谢！

我还要感谢我在丹麦的两位导师 Hatla 教授和 Jørgen 教授，还有我在求学期间结识的崔之元教授、欧博文教授、李连江教授、蔡永顺教授、Stig 教授、Göbel 教授以及我在丹麦的同事和朋友 Nikolaj、Jacob、罗志达、冯云鹏、张强、刘君，没有他们的帮助、鼓励、指导和关爱，我无法顺利完成独在异乡的求学之旅。

最后，我还必须感谢孙国东和杨晓畅夫妇多年来对我指导和帮助，我们之间的友谊是我今生最可珍惜的财富之一。我还要感谢我的父母、妻子和儿子，没有他们不求索取的奉献，就没有我的今天，他们为我付出的太多太多，而我必须用一生去回报！

桂晓伟

2016 年 9 月 10 日于武昌珞珈山